비즈니스를 성공으로 이끄는

# 코칭
## 대화 기술

HITO WO SODATE, UGOKASHI, SENRYOKU NI SURU
JISSENN COACHING
by Akira Ito

Original Japanese edition published by Diamond Inc.
Korean translation rights arranged with Diamond Inc.
through Shin Won Agency Co., Seoul
Korean translation copyright @2005 by Gimmyoung Publishers Inc.

비즈니스를 성공으로 이끄는

# 코칭
## 대화 기술

이토 아키라 지음 | 김경섭 옮김

The Complete Guide to Coaching

김영사

비즈니스를 성공으로 이끄는
**코칭 대화 기술**

저자_ 이토 아키라
역자_ 김경섭

1판 1쇄 발행_ 2005. 11. 18.
1판 9쇄 발행_ 2019. 3. 26.

발행처_ 김영사
발행인_ 고세규

등록번호_ 제406-2003-036호
등록일자_ 1979. 5. 17.

경기도 파주시 문발로 197(문발동) 우편번호 10881
마케팅부 031)955-3100, 편집부 031)955-3200, 팩스 031)955-3111

값은 표지에 있습니다.
ISBN 978-89-349-2016-5 03320

홈페이지_ www.gimmyoung.com 블로그_ blog.naver.com/gybook
페이스북_ facebook.com/gybooks 이메일_ bestbook@gimmyoung.com

좋은 독자가 좋은 책을 만듭니다.
김영사는 독자 여러분의 의견에 항상 귀 기울이고 있습니다.

# 휴먼 스킬이 있는 사람이 성공한다

한국 독자 여러분 안녕하세요? 이 책을 통해 한국 독자 여러분과 만나고 직접 메시지를 전달할 수 있어 무척 기쁩니다.

저는 이미 한국에서 몇 권의 책을 출간한 바 있으며, 그 책들이 호평을 받고 있습니다. 뿐만 아니라 저의 친척이 한국 여성과 결혼해서 서울에서 일하고 있고, 많은 분들이 저의 한국에서의 활동을 도와주시고 있습니다. 이런 점 등을 군이 들지 않더라도 저와 한국의 인연은 매우 특별하고 깊은 것 같습니다.

그래서 앞으로 한국에서의 활동을 좀더 본격적으로 하려고 여러 가지 준비를 하고 있습니다. 그 준비를 위해 한국의 비즈니스맨들도 취재하고 있지요. 이런 준비를 할 때마다 저는 성공하는 데 휴먼 스킬이 가장 중요한 요소가 될 거라고 생각합니다.

휴먼 스킬은 외국어 능력이나 마케팅 능력, MBA, 상품 지식 등 '어떤 일을 하는 데 필요한 전문적인 능력'과 구별되는 것입니다. 휴먼 스킬에는 상대방의 마음을 사로잡는 말을 할 수 있고, 사람의 이야기를 능숙하게 들을 수 있으며, 효과적으로 사람을 칭찬할 수 있는 능력 그리고 상대방의 의욕을 고취시킬 수 있는 능력 등이 포함됩니다. 이와 같은 능력은 일의 분야에 관계없이 요구되는 '인간이 갖춰야 할 기본적인 능력'이라고 할 수 있습니다. 여기에는 커뮤니케이션 능력뿐만 아니라 실패에도 굴하지 않는 힘, 목표를 향해 끊임없이 노력하는 근성 등 자신의 내면에 있는 심리적인 능력도 포함됩니다.

요즘 한국에서는 상당히 많은 사람들이 '가치 있는 인재로 인정받으려면 어떻게 해야 하는가?'라는 문제에 흥미와 관심을 갖고 있는 것 같습니다. 저는 자격증이나 일에 필요한 전문 능력은 당연히 갖춘 후에 휴먼 스킬에 주목하고 그 기술을 닦아가야 한다고 생각합니다. 이미 일본에서는 그런 흐름으로 변해가고 있습니다.

저는 지금까지 100개 이상의 회사, 수만 명의 일본 비즈니스맨을 상대로 세미나를 해왔습니다. 인력부서에 근무하는 사람들의 이야기를 듣거나 실제 현장의 모습을 둘러보면, 앞으로는 휴먼 스킬이 있는 사람이 성공한다는 사실은 명백해 보입니다.

일본에서도 불과 몇 해 전까지만 해도 MBA 등의 자격이 매우 높이 평가받았을 뿐만 아니라 전문적인 능력에만 주목했습니다. 그런데 그런 자격이나 능력이 있는 사람들이 실제 현장에서는 동료와의 커뮤니케이션이 원활하지 않다거나 손님의 마음을 사로잡는 말을 하지 못하는 경우가 많았습니다. 게다가 부하직원도 능숙하게 키워내지 못하는 등 여러 부분에서 문제가 생긴다는 사실을 알게 되었습니다. 그래서 전문 능력과 똑같이 아니 그 이상으로 '휴먼 스킬'이 주목받게 되었습니다. 저는 휴먼 스킬이 한국에서도 앞으로 성공이나 채용의 기준이 될 것이라고 생각합니다.

물론, 휴먼 스킬이 비즈니스에서 성공하는 데만 필요한 것은 아닙니다. 지금과 같은 혼돈과 불확실의 시대, 그만큼 찬스도 많은 시대에서는 바로 '인간의 능력'이기도 합니다. 행복하게 살기 위해서뿐만 아니라 자기를 실현하면서 인생을 보내기 위해서는 결코 흔들리지 않는 인간으로서의 근원적인 능력을 몸에 익혀야 합니다.

이 책은 그런 휴먼 스킬의 하나인 '코칭'을 알기 쉽게 이해하고 바로 실천하는 데 도움을 주기 위해 쓴 것입니다. 다행히 이 책은 일본에서도 큰 호응을 받고 있을 뿐만 아니라 실제로 수천 명의 비즈니스맨들이 텍스트로 활용하고 있습니다. 현장에서도 활용도가 높다는 사실은 이미 입증되고 있습니다. 부하직원과의 커뮤니케이션이 놀랄 만큼 변했다거나 다른 사람과의 대화에 자신감이 생겼다 또는 놀랄 정도로 빨리 목표를 달성했다는 등 좋은 반응을 보여주고 있습니다.

이 책이 국경을 넘어 한국의 독자 여러분을 찾아갈 수 있어 기쁘게 생각하며, 여러분의 행복과 성공, 자기 실현을 위해 조금이라도 도움이 되기를 진심으로 바랍니다.

이도 아키라

# 리더십에서 가장 중요한 것은
# 코칭 기술이다

비교적 짧은 기간에 후진국에서 중진국이 된 우리는 선진국 진입을 목표로 하고 있다. 나는 우리나라가 선진국 반열에 들어서기 위해서는 사람을 올바르게 이끄는 훌륭한 리더십이 반드시 필요하다고 생각하여 리더십센터를 설립하였다. 그런데 경영자들을 교육시키면서 리더십에서 가장 중요한 것은 커뮤니케이션 스킬이고 그것을 배양하려면 코칭 기술이 필수적임을 알게 되었다. 기업에서 제대로 코칭을 하지 않으면 비즈니스에서 이길 수 없고, 나아가 선진국 진입도 어렵다는 사실을 알게 된 것이다.

그래서 새천년이 시작된 2000년부터 국내에 코칭 프로그램을 도입하기 시작해 한국코치협회, 국제코치연맹 한국지회 등을 결성했다. 또 한국코칭센터를 설립하여 코치를 양성하고 있는데, 그 코치들이 경영자나 관리자들을 위한 코칭을 성공적으로 하고 있다.

그러나 항상 부족함을 느낀다. 특히 코치협회 회원들이 훌륭한 코치가 될 수 있도록 도와주기 위해 좋은 책을 찾아 번역·보급하는 데 노력을 기울이고 있는데, 훌륭한 실용서를 찾기가 쉽지 않았다.

수많은 코칭 관련 책들 가운데 어렵게 찾아낸 것 중 하나가 바로 일본의 이토 아키라가 저술한 이 책 『비즈니스를 성공으로 이끄는 코칭 대화 기술』이다.

이 책은 고객과의 상담, 상사와의 회의, 부하직원과의 면담을 위한 가장 효과적인 대화 기술을 담고 있다. 코칭으로 어떤 상대라도 설득할 수 있도록 즉시 실행해 볼 수 있는 완벽한 코칭 가이드이다. 특히 타입별 코칭 활용법과 코칭 실행 프로세스, 상황별 코칭 적용법까지 포함되어 있어서 대단히 유용한 책이 되리라고 생각한다.

이 책의 발행을 위해 수고해 주신 한국코칭센터 서정희 팀장, 김영사 여러분에게 감사드린다.

김경섭

차례

## 제3장 바로바로 활용하는 코칭 실천 프로세스

## 제4장 타입별 코칭 활용법

# 제5장 코칭에 관해 자주 하는 질문과 대답

# 제1장

# 가벼운 마음으로 코칭 시작하기

The complete Guide to Coaching

코칭은 상대 안에 있는 답과 능력을 향상시키는 것이다.

리스크는 거의 존재하지 않으므로 가벼운 마음으로 코칭을 시작하자.

우선 시작해 보는 것이 중요하다.

# 코칭을 이해하는 3가지 포인트

## 코칭과 신선한 발견과의 만남

지금부터 실제 도움이 되는 실천형 코칭을 익혀보자. 90분 정도면 끝낼 수 있는 무겁지 않은 내용이므로 편안한 마음으로 읽어주길 바란다. 그렇다고 해서 깊이가 낮은 것은 아니며, 마지막 페이지까지 모두 읽고 나면 비즈니스 커뮤니케이션 기술이 무엇인지 신선한 깨달음에 이를 것이다.

최근 코칭 관련 서적이 시중에 넘쳐나고 있지만 "뭔가 도움이 될 것 같지만 막상 실천하려고 하면 어렵다" 또는 "코칭 이론은 이해가 되지만 아직 신뢰하기는 어렵다"라고 생각하는 분들이 많은 것 같다.

코칭을 이처럼 어렵다거나 믿을 수 없다고 생각하는 데는 코칭의 이론과 실천 사이에 갭이 있기 때문이다. 또 사람들은 "앞으로의 리더는 이래야 한다. 전통적인 리더십은 안 된다"와 같은 이야기를 들으면 자연스럽게 반발심을 갖게 마련이다. 코칭이 갖고 있는 이러한 문제는 다음과 같은 면에서 비롯되기도 한다.

- 코칭이 내재적으로 안고 있는 문제

  (코칭의 단점과 아직 발달하지 않은 부분에서 생기는 문제)
- 코칭을 가르치는 쪽의 문제

  (코칭은 최근에 발전했기 때문에 가르치는 쪽도 배우는 쪽도 아직 개선의 여지가 있다)
- 코칭을 실천하는 쪽의 문제

  (이 문제에 관해서는 다음 장에서 자세히 설명한다)

그렇지만 이 책에서는 이런 어려운 문제는 잠시 접어두고, 코칭을 좀더 편하게 접근할 것을 독자 모두에게 권한다. 우선 가벼운 마음으로 배우고 실천해 본 뒤, 더 많은 관심과 흥미를 갖게 되거나 벽에 부딪힐 때, 그때 비로소 어려운 것을 생각해도 괜찮기 때문이다.

코칭을 하기 시작하면 처음에는 코칭을 하는 쪽도 받는 쪽도 어색함과 쑥스러움을 느낀다. 지금까지와는 전혀 다른 커뮤니케이션을 접하면 그런 느낌이 드는 것도 당연하다. 그러나 대체로 한 달정도 지나면 익숙해지기 시작한다. 무엇보다도 계속 실행해 보는 것이 중요하다. 어색함은 새로운 것에 도전하고 있다는 뜻이다. 따라서 어색함이 느껴지는 이때가 바로 새로운 자신을 만날 수 있는 기회라고 할 수 있다. 다소 어색하더라도 순진할 정도로 열심히 따라해 본다면 신선한 깨달음과 발견에 이르는 기회가 점점 넓어질 것이다.

## 꼭 기억해야 할 코칭의 3가지 원칙

"코칭이 도대체 뭘까?"에 답하기 위해서 꼭 기억해야 할 3가지 포인트는 다음과 같다.

1. 답은 상대 안에 있다.
2. 상대의 내면에는 문제와 과제를 해결할 수 있는 능력이 있다.
3. 그 답과 능력을 끌어내는 프로세스가 코칭이며, 그런 프로세스를 실천하는 사람이 코치이다.

코칭의 설명은 이것으로 충분하다. 다른 책에서 설명하고 있는 코칭의 내용도 요약하면 이 3가지가 전부이다. 세세한 것까지 포함하면 100가지가 넘을 수도 있는 코칭 기술도 모두 이 3가지를 충족시키기 위한 것이다. 이 3가지를 기억해서 그것을 실천할 수 있다면 어떤 의미에서 "훌륭한 코칭을 했다"라고 말할 수 있다.

"그렇게 간단한 것인가?"라고 실망하는 사람도 있을 수 있고 "코칭은 그렇게 간단한 것이 아니다"라며 화를 내는 사람도 있을 수 있다. 그런데도 코칭을 이렇게 극단적으로 설명한 것은 이 3가지 원칙이 언뜻 단순해 보여도 깊은 뜻을 갖고 있기 때문이다.

코칭을 연구하고 가르치고 실천할 때마다 나는 그것을 절실하게 느낀다. 이것에 관해서는 이후에 좀더 자세히 다루어보도록 하자.

---

**Point**

1. 답은 상대 안에 있다.
2. 상대의 내면에는 문제와 과제를 해결할 수 있는 능력이 있다.
3. 그 답과 능력을 끌어내는 프로세스가 코칭이며 그런 프로세스를 실천하는 사람이 코치이다.

## 코칭은 혁명적이다

### 자네는 어떻게 생각하나?

기업연수에서 '코칭의 3원칙'에 관해 설명하면 연수받는 사람들은
대개 3가지 유형으로 나뉜다.

1. '그래서 어떻다는 거야?'라는 느낌을 받는 사람
2. 쓴웃음을 짓는 사람
3. 동감하며 고개를 끄떡이는 사람

코칭의 중요성을 전혀 느끼지 못하는 사람, 중요성은 느끼지만
준비되어 있지 않은 사람, 준비에는 상관없이 실천하려고 노력하는

사람 등 여러 유형이 있다. 내 경험으로는 쓴웃음을 짓는 사람이 가장 많았다.

이 3가지 반응이 의미하는 것은 조금 과장스럽게 들릴 수도 있겠지만 코칭은 인간에게 혁명적이라는 것이다.

인간이라는 존재는 다른 사람의 이야기를 듣는 것보다 자신의 이야기를 하고 싶고, 자신이 유능하다는 것을 보이고 싶고, 상대방이 어려움에 처해 있을 때는 지체 없이 자신이 답을 주고 싶어하는 존재이다. 인간의 이러한 속성은 DNA 속에 각인되어 이어져온 것이 아닌가 싶을 정도로 보편적이고 강하다.

야구에서 코칭에 관한 예를 들어보자. 커브를 잘 칠 수 없는 선수가 코치와 감독에게 상담하러 왔다. 보통의 감독과 코치라면 타이밍을 맞추어서 무릎을 부드럽게 하고 스윙을 유연하게 하라고 금방 답을 줄 것이다. 그러나 3원칙에 근거한 코칭이라면 어떤 조언을 해줄 수 있을지 살펴보자.

**선수**  커브를 잘 칠 수 없는데요. 어떻게 하면 잘 칠 수 있을까요?

**코치**  • 자네는 왜 커브를 잘 칠 수 없다고 생각하는가?

• 연습을 어떻게 하면 잘 칠 수 있을까?

• 프로선수 중 참고할 만한 선수는 누구인가?

• 우리 팀에서 가장 좋은 조언을 줄 것 같은 사람은 누구인가?

• 커브를 잘 치기 위해서 중요한 것을 3개 정도 든다면 무엇일까?

3원칙에 근거한 코칭에서는 이와 같은 질문을 던지고 먼저 본인이 생각하도록 한다. 그리고 실제로 연습을 시키면서 "지금까지의 스윙과 어떻게 다른가?" "무릎을 쓰는 방법은? 무릎의 움직임은?"과 같은 질문을 하면서 선수가 스스로 셀프 피드백을 할 수 있도록 만든다. 자신이 답을 주기 전에 먼저 본인이 생각하고 실행하고 그 결과를 셀프 피드백하면서 다시 생각하고, 실행하는 사이클이 되도록 유도하는 것이다. 이러한 과정은 비즈니스 상황에서도 마찬가지이다.

예를 들어 "A사의 이 과장은 좀처럼 설득되지 않아요. 어떻게 하면 그를 설득할 수 있을까요?"라는 상담을 받는다면 "그런 연배의 사람은 저자세로 나가서 이러한 자료를 보여주면 돼"라는 식으로 즉각 답을 주는 것이 보통이다. 물론 나쁜 대답이라고 할 수는 없지만 코칭 활용을 고려한다면 그 전에 하나의 프로세스를 더 두는 것이 좋다. 예를 들어 이런 질문을 던져보는 것이다.

- "이 과장에게 팔려면 어떻게 해야 할까?"
- "1개월 안에 이 과장에게서 오케이를 받는다는 목표를 세운다면 앞으로 1주일 동안에 무엇을 해야 할까?"
- "이 과장으로부터 예스를 듣기 위해서 활용할 수 있는 자네와 우리 회사의 강점은 무엇일까?"
- "자네가 이 과장이라면 어떤 말을 들어야 살 마음이 생길까?"

야구이건 비즈니스이건 중요한 것은 바로 "이렇게 하면 좋다"라는 답을 바로 주는 것보다는 먼저 자기 스스로 생각하게 하는 것이다. 그리고 그것이 바로 코칭이다. 3원칙조차 번거롭다거나 왠지 귀찮을 것 같다 또는 그럴 시간이 없다고 생각하는 사람은 '코칭＝자기 스스로 생각하게 하는 것'이라는 이미지를 가지고 시작해야 한다. '자기 스스로 생각하게 한다'는 것도 지나치게 크게 생각하지 않기를 바란다. "이렇게 해" "이렇게 하는 편이 좋아" "이렇게 해야 하지 않겠어?" "나는 이렇게 생각해" 등등 지금까지 해온 말 뒤에 "자네는 어떻게 생각하나?"라는 한마디를 덧붙이는 것만으로도 코칭이 된다.

이 말을 덧붙였을 때와 그렇지 않았을 때의 차이는 자신이 이 말을 들었을 때의 기분이 어떨지 상상해 보면 실감할 수 있을 것이다.

코칭은 보통의 일상적인 대화에 "자네는 어떻게 생각하나?"라는 한마디를 덧붙이는 것이다. 코칭 세미나에서는 흔히 이런 설명부터 들어간다. 그렇지만 "자네는 어떻게 생각하나?"라는 말이 인간의 속성 또는 수천 년 이어져 내려온 인간의 문화라는 관점에서 본다면 거의 쓰여지지 않았다는 점에 주목해 주길 바란다. 일상적인 대화에서 이 말이 좀처럼 부드럽게 나오지 않는다는 것을 봐도 알 수 있다.

이러한 의미에서도 코칭과 코칭의 3원칙은 인간에게 혁명적인 것이라 할 수 있다.

## 코칭은 먼저 스스로 생각하게 만든다

코칭은 선문답이나 무도의 티칭 스타일과 매우 비슷하다. 선문답은 질문을 받아도 곧바로 답을 주지 않는다. 제자는 사부의 말을 완전히 반복하고 대화에서 무엇인가를 느껴간다. 무도에서도 미야모토 무사시(宮本武藏, 1584~1645 : 일본의 전설적인 검객 — 옮긴이 주)의 시대에는 손동작이나 발동작을 제자에게 가르치기보다는 사부에게서 훔치고, 사부의 사는 모습에서 배우게 했다. 단 한마디 "검의 도는 물의 흐름이다"라는 말을 듣고 제자 스스로 생각하는 스타일이었던 것이다. 이런 의미에서 선문답과 무도의 커뮤니케이션 스타일을 비즈니스에 적용해 보는 것도 재미있다.

다시 한 번 말하지만, 코칭은 지금까지 인간의 문화사에 없었다는 점과 선이나 무도의 티칭 스타일을 비즈니스에 적용했다는 점에서 획기적인 커뮤니케이션(스타일·기술·사고방식)임에는 틀림없다.

아직은 코칭에 대한 이 같은 생각이 그다지 피부에 와닿지 않을 수도 있고 비즈니스와는 크게 관련이 없다고 생각할 수도 있을 것이다. 물론 반론도 있을 수 있다. 그러나 코칭을 배우면 배울수록, 실천하면 실천할수록 코칭의 3원칙이 갖는 의미가 얼마나 깊은지 실감할 기회가 늘어날 것이다. 따라서 성급한 결론을 미리 내릴 필요는 없다. 코칭 세미나에서도 처음에는 전혀 이해가 가지 않는 표정을 하고 있거나 어딘지 모르게 공격적인 모습을 보였던 사람도 마지막에는 적어도 "그렇군요. 확실히 중요한 부분이 있는 것 같습니다"라는 반응을 보이는 경우가 대부분이다.

코칭은 바로 "이렇게 하면 좋다"라는 답을 주기보다 먼저 스스로 생각하도록
만든다.

# 3

# 코칭을 하지 않으면 비즈니스에서 이길 수 없다

## 비즈니스 리더에게 코칭이 꼭 필요한 이유

코칭은 앞으로 비즈니스 리더에게 필수가 될 것으로 보인다. 그 이유에 대해서 지금부터 간단히 설명할 것이다(심리학적인 관점에서 코칭이 효과적인 이유를 분석한 칼럼을 이 장 끝에 실었으므로 참고하길 바란다).

무엇보다도 코칭은 상대로 하여금 스스로 답을 찾게 만든다. 따라서 코칭을 받은 사람은 스스로 움직인다. 이것이 코칭이 효과적인 첫 번째 이유이다.

인간은 억압당하는 것을 가장 싫어하고 명령받거나 강제받는 것을 무척 싫어한다. 상대가 아무리 상사일지라도 "이것 좀 해" "이렇게 해"라고 무조건 명령투로 말하면 기분이 좋을 리 없다. 또 사람들은 다른 사람이 준 답에 따라 적극적으로 움직이거나 자발적으로 행동에 옮기지 않는다. 다른 사람이 "이렇게 해"라고 말해줄 때보다 스스로 "이렇게 하면 가능하지 않을까?" "이렇게 하고 싶다"라고 생각하면서 행동할 때 사람들은 훨씬 더 인내심을 갖게 되며 결과도 더 좋게 나타난다.

어려운 상황을 만날 때마다 일일이 답을 주기만 하면 지시를 기다리는 인간이 되어버리고 만다. 이것이 코칭이 필요한 두 번째 이유이다. 이런 부류의 사람들은 어떤 상황에서도 답을 가르쳐주지 않으면 움직이지 않으며 자신의 생각과 아이디어를 밖으로 발산하지 않는다.

관리자와 경영자들은 모두 입을 모아 "스스로 생각하고 움직일 수 있는 인재가 필요하다. 그러한 인재가 우리 회사에는 없다"라고 한탄한다. 그러나 말로는 이렇게 이야기하면서도 실제로는 이러한 인재를 양성하지 않는 경우가 많다. 부하직원이 자발적으로 행동하기 시작하면 '월권 행위'라고 몰아붙이면서 실제로는 부하직원의 자발성을 없애버리고 마는 것이다. 결국 말뿐이고 실천이 없는 경우가 허다하다.

그러면 왜 스스로 생각하고 움직이는 인재가 필요한 걸까? 이 같은 질문을 관리자와 경영자에게 해보면 답으로 반드시 돌아오는 키워드는 '변화와 스피드'이다. 점점 빠르게 변해가는 세상에서 일일이 상사의 결정을 기다려서는 재빠르게 움직이고 있는 경쟁회사에 밀린다. 관리자와 경영자는 변화와 스피드가 빠르기 때문에 스스로 생각하고 움직이지 않으면 뒤처져버린다는 것을 알고 있다. 또한 이전에는 본사 빌딩의 사무실 안에 있는 사람, 비즈니스 경험이 많은 사람, 연장자, 출세를 위한 경쟁에서 이기고 올라온 사람 등이 보다 확실히 답을 쥐고 있는 시대였다. 그러나 책상에만 앉아서 업무를 보는 사람, 현장의 거래처를 자주 돌지 않는 사람보다는 실제로 거래처 고객과 매일 접하고 있는 사람이 고객의 니즈를 더 잘 파악한다.

이전의 시대, 즉 대량 생산·대량 소비되는 시대에는 현장의 목소리를 듣지 않아도 괜찮았지만 지금은 그러한 사고방식으로는 이길 수 없다. 소비자 한 사람 한 사람의 심층 심리를 들여다보지 않으면 안 되는 시대가 된 것이다. 따라서 마케팅 수법도 단순히 세대별, 성별, 지역별, 계층별이 아니라 이 과장 개인이 무엇을 원하는지, 그 심층 심리를 파고들지 않으면 물건이 넘쳐나고 있는 이때에 구매욕구를 자극하는 것은 거의 불가능하다.

그러한 의미에서 현장에 있는 사람이 답을 쥐고 있는 경우가 많아졌을 뿐만 아니라 그것을 활용해야 하며, 그 답을 중요하게 여기지 않으면 안 되는 시대가 되었다. 변화와 스피드의 세상에 적응하기 위해서는 지시를 기다리는 인간이 아니라 스스로 생각하고 움직이는 인간이 필요하다. 그리고 '스스로 생각하고 움직이는 인간'을 양성하는 데 코칭이 꼭 필요하게 되었다.

이처럼 코칭이 필요한 이유로 인간의 심리적인 면과 시대배경이라는 두 개의 큰 측면을 들 수 있다.

## 코칭을 해야 하는 이유

중요한 것은 코칭이 좋은가 나쁜가, 코칭을 좋아하는가 싫어하는가가 아니다. 핵심은 지금 시대는 어떤 의미에서 코칭을 '하지 않으면 안 되는' 상황이 되었다는 데 있다. 코칭이 훌륭해서가 아니라 비즈니스 세계에서 살아남으려면 코칭을 해야 하는 시대가 된 것이다. 비즈니스맨, 비즈니스 리더는 코칭을 피해갈 수 없게 되었다.

코칭을 싫어한다거나 "상사가 부하직원에게 질문 같은 것을 할 수 있어?"라고 생각하는 사람도 코칭을 피해갈 수 없다. 지금은 코칭이 필요하기 때문에, 하지 않으면 안 되는 것이기 때문에, 자신이 이익을 얻고 자신을 위하는 것이기 때문에 그리고 그것이 회사를 위하는 것이기 때문에 코칭을 해야만 하는 시대가 된 것이다.

여기에서 말하고 있는 것은 세상을 살아가는 방법이나 인생론의 이야기가 아니라 비즈니스에 관한 이야기이다. 비즈니스 세계에서는 '비즈니스를 성공시킨다'는 흔들리지 않는 목적이 있다. 그 목적을 이루는 데 도움이 될지도 모른다면 '좋아한다, 싫어한다'를 떠나서 일단 시험해 보고 흡수하는 자세를 가져야 한다.

**Point**

**코칭을 하면 상대는 스스로 답을 찾게 되므로 스스로 움직이게 된나.**

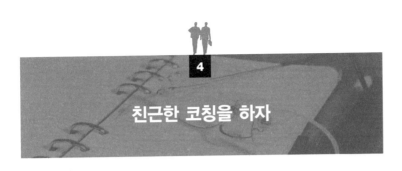

## 4

# 친근한 코칭을 하자

## 부드럽게 시작한다

사람들은 대개 영어로 말하는 외국인을 처음 만났을 때 "Nice to meet you"라고 인사한다. 나는 외국인과 만날 때 그런 흔한 인사를 하지 않는 사람은 본 적이 없다. 외국인과 부드럽게 의사소통을 시작하는 데 "Nice to meet you"가 가장 효과적인 인사법이라는 사실에는 틀림이 없다.

코칭도 마찬가지이다. 외국인과 대화를 나누기 위해 부드럽게 의사소통을 시작하는 것처럼 상대방이 가지고 있는 능력과 의욕을 끌어내고 싶을 때에는 이 책에서 강조하고 있는 문장을 말해본다. 외국인에게 "How do you do?"라고 하듯이 상대방에게 "자네는 어떻게 생각하나?" "무엇이 가능할까?"라고 말해본다. "그런데 말이야"
라고 대답하는 대신 "그렇군"이라고 말해보자. 거짓말이라도 좋다.
외국어를 습득할 때 단어와 숙어를 통째로 암기하듯이 해보자. '이
렇게 말하는 나를 상대방은 어떻게 생각할까?' 또는 '내 나름대로
의 방식을 20년 가까이 해왔는데…'와 같은 방식은 일단 접어두고
자연스럽게 코칭 대화 방식으로 말해보자.


## 자신의 방침과 판단은 접어둔다

코칭을 시작할 때에는 무엇보다도 자신의 방침과 판단은 접어두어
야 한다. 코칭에 대해 거부반응을 보이는 사람뿐만 아니라 코칭 만
세를 외치는 사람도 마찬가지이다. 코칭의 단어와 문장이 익숙해진
후에 코칭의 의미를 생각하는 것도 늦지 않다. 코칭의 의미를 생각
해 보고 싶다면 문장 안에 어떤 의미가 있는지 파악해 보라. 예를
들어 "그렇군"이라고 말하는 것과 "그런데 말이야"라고 말하는 것
의 차이는 어디에 있는가? 이렇게 말했을 때 상대방의 반응은 어떻
게 다를까? 또 자신의 기분에는 어떤 변화가 일어나는가를 생각해
보자.

## 그래프의 비율로 생각한다

코칭을 100퍼센트 납득하지 않아도 좋다. "코칭 같은 것은 별로 쓸데없지"라고 생각해도 "그렇군"이라고 답할 수 있다면 당신은 이미 코칭을 활용하고 있다고 볼 수 있다.

앞에서 말한 대로 코칭을 편하게 쓰기 바란다. 수용할 수 없는 부분은 버려도 좋다. 여기서 도움이 되는 것이 그래프의 비율이다. 코칭을 0으로 하고 티칭을 100으로 하는 그래프를 만든다. (그림1)

코칭을 배우고 코칭이 무엇인지 어렴풋이 이해가 되었다면 평상시 부하직원과 의사소통할 때 자신의 코칭 대화가 얼마이고 티칭 대화가 얼마인지 생각해 본다. 흔히 코칭이 30퍼센트이고 티칭이 70퍼센트인데, 급하게 코칭을 30에서 100으로 하려 하기 때문에 코칭이 어렵다고 느끼는 것이다. 급하게 변하려고 하지 말고, 먼저 코칭을 50퍼센트로 늘리는 것을 목표로 삼고 여러 가지 장면을 상상해 본다.

- "어떤 상황에서 코칭을 50퍼센트로 하고 싶은가?"
- "코칭 대화를 30퍼센트에서 50퍼센트로 늘리기 위해서는 구체적으로 무엇을 할 수 있는가? 마음가짐과 말 그리고 행동은 어떻게 해야 하는가?"
- "코칭이 100퍼센트인 효과적인 상황은 과연 존재하는가?"
- "티칭이 90퍼센트 또는 코칭을 하지 않아도 되는 상황은 언제인가?"

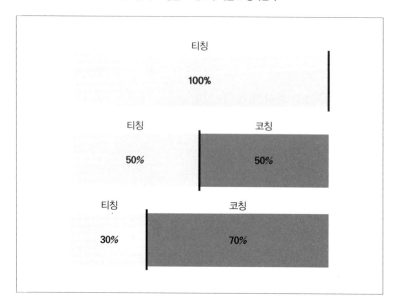

신입사원에게 일을 맡긴 경우나 여러 가지 물어볼 시간이 없어서 정확한 지시를 내려야 하는 경우, 실패하면 정말로 위험한 경우에는 100퍼센트 티칭을 할 수도 있다.

결국 핵심은 코칭의 여부 또는 기존의 방법으로 변신할 수 있는가에 달려 있지 않고 어떤 상황이나 장면, 자신의 캐릭터에 맞추어 코칭의 비율을 10씩 늘려나가는 데 있다.

## 능력이 제로인 사람은 없다

코칭을 할 때 전부 0 아니면 1로 생각하는 사람이 있다. 예를 들면 "상대의 안에 답이 있다 vs 답이 없다"라는 식으로 생각하는 것이다.

당연한 말이지만 지식이나 능력이 제로, 즉 백지인 사람은 없다. 상사의 눈으로 보면 그다지 대단한 능력을 갖지 못한 부하직원도 능력이 제로인 경우는 거의 없다. 그런 부하직원일지라도 능력이 적어도 100까지는 아니더라도 10 정도는 갖고 있게 마련이다. 이럴 때 그 능력을 끌어내어 더 크게 하는 것이 코칭이다.

0 아니면 1, 즉 2진법으로 생각하는 사람은 10 정도면 0이라고 결정해 버리고 50 정도도 0과 같다고 생각하기 쉽다. 이런 사람들은 실제로 능력이 없는 사람이 있을 거라고 생각한다. 하지만 세상에 능력이 제로인 사람은 절대로 존재하지 않는다.

코칭은 10 정도의 답과 능력을 가진 사람을 그 이상으로 끌어올리는 것을 말한다. 100까지 만드는 것은 어려울지라도 지금보다 10 정도 끌어올릴 수는 있다. 당신이 등을 밀어올려 주면 된다.

## 코칭 매뉴얼 편하게 활용하기

이 책도 편하게 활용해 주길 바란다. 이 책을 읽는다고 해서 100퍼센트 다 납득해야 한다거나 쓰여진 대로 해야 한다고 주장할 생각은 전혀 없다. 단지 좋은 점만 취해서 활용하면 그만이다.

이것은 이대로 쓸 수 있겠는 걸, 내일부터 이 한마디를 말해보자라고 생각하면 ◎, 이것은 꽤 괜찮지만 나라면 이렇게 할 것이라고 생각하면 ○, 조금 수정하면 쓸 수 있겠다 싶으면 △, 이런 식으로 이 책을 활용하면 좋을 것이다. 자신, 상대방, 회사의 상황과 특징을 고려해서 ×인 경우는 깨끗이 버리자.

△는 미묘한 경우이지만 사용해 주었으면 한다. 코칭을 함으로써 입게 되는 큰 리스크는 거의 없다. 따라서 '시험 삼아 한다'는 생각으로 일단 편하게 코칭을 활용해 보자. 이것이 실천적으로 사용할 수 있는 코칭의 활용법이다.

최근 부하직원과 커뮤니케이션이 잘 되지 않고 있는데 부하직원과 나눌 대화 소재를 찾고 싶다면 코칭의 질문을 그대로 써보아도 좋다. 단순하게 대화의 소재, 소재집으로도 유용하다.

**Point**

코칭은 상대 안에 있는 답과 능력을 끌어올리는 것이다. 리스크는 거의 제로이므로 '시험 삼아 한다'는 생각으로 편하게 활용해 보자.

# 코칭의 기능이 효과적인 이유는?

_심리학적인 관점에서 보았을 때

심리학자의 입장에서 코칭을 객관적으로 보았을 때, 많은 심리 학적 이론과 심리학적 실험, 조사결과, 심리학적 기술이 코칭의 여러 곳에서 응용되고 있음을 확인할 수 있다. 그것들은 '상대의 잠재능력을 끌어낸다'는 큰 목적을 위해 활용되고 있다. 심리학 적 관점에서 코칭의 기능이 필요한 이유를 3가지 들어보자.

### 첫 번째 이유 — 자기 설득

첫 번째로 '자기 설득'의 중요성을 들 수 있다. 심리학자 래드 키(Radke)와 크리슈리히(Klisurich)는 어머니들을 대상으로 자녀에 게 모유뿐만 아니라 간유도 함께 섭취하도록 설득하는 실험을 하였다. 이 실험에서 '간유를 섭취하면 이런 좋은 점이 많습니 다'라는 통상적인 설득보다도 어머니들 스스로 '간유의 좋은 점 은 무엇인가?'를 생각하도록 한 뒤 그 내용을 종이에 쓰게 한 쪽 이 설득 효과가 훨씬 높다는 사실이 확실히 드러났다.

이처럼 다른 사람에게서 배웠을 때보다 스스로 그 행동의 의미를 생각하는 경우, 즉 자기 설득의 경우에 사람은 더욱더 활발히 움직이게 된다. 코칭의 목적은 스스로 생각하고 행동하게 하는 데 있으므로 자기 설득의 장점을 잘 응용하고 있다고 할 수 있다.

### 두 번째 이유 — 심리적 반발

두 번째는 심리적 반발이다. 사람은 어떤 행동을 해야 한다는 강한 억압을 느끼면 반발심이 생긴다. 그래서 이런 압력을 받으면 거꾸로 행동하려고 하거나 겉으로만 따르는 척한다. 싫지만 시키니까 억지로 행동하는 것이다.

예를 들면, 레건(Regan)과 브렘(Brehm)이라는 심리학자는 슈퍼마켓에서 특정의 상품을 사야 한다는 강한 압력을 받은 사람일수록 거꾸로 그 상품을 구입하지 않는다는 사실을 실험을 통해 밝혀냈다. 사람은 명령하고 강제할 때보다 '자신의 의지와 의견'에 따를 때 자발적인 행동을 한다. 따라서 이 점이 바로 코칭이 갖는 장점을 나타내는 것이라고 볼 수 있다.

### 세 번째 이유 — 공식적인 선언

세 번째로 '공식적인 선언'을 들 수 있다. 코칭에서 코칭받는 쪽은 코치에게 어떤 행동을 취할 것을 약속한다. 일대일의 관계라고는 하지만 이것은 스스로 새로운 행동을 취할 것을 공식적으로 선언하는 것과 마찬가지이다.

디커슨(Dickerson)은 물 절약을 촉진하는 경우, 그것을 공식적으로 선언해야 물 절약량에 크게 영향을 미친다는 사실을 실험에 의해 밝혔다.

혼자 목표를 세워서 그것을 실행하는 것이 얼마나 어려운가는 누구나 경험을 통해 잘 알 것이다. 공식적으로 선언하면 스스로를 규율할 수 있을 뿐만 아니라 상대방에게 지원을 기대할 수도 있다. 코칭받는 사람에게 코치하는 사람은 '공식적인' 존재, 즉 자신의 아군 또는 지원 역할의 존재이다.

따라서 코칭은 공식적인 존재에게 선언한다는 이점이 있으며, 약속과 결심이 공염불로 끝나는 것이 아니라, 실행으로 옮기도록 하는 데 매우 중요한 역할을 한다. 코칭이라는 기술이 최근에 발전해 온 새로운 기술이기는 하지만, 그 토대에는 적어도 심리학이라고 하는 확고한 이론적 기반이 있다.

T h e   C o l u m n   **1**

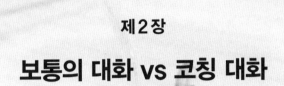

제2장

# 보통의 대화 vs 코칭 대화

aching

코칭은 상대와 대화하는 것이다.

코칭 대화가 잘 이루어지면 상대방은 이야기하는 도중에 생기가 돌고

열정적인 모습을 보인다.

보통의 대화와 코칭 대화가 어떻게 다른지 살펴보자.

# 1

# 코칭은 상대의 의욕을 고취시킨다

## 코칭 대화는 상대의 의욕을 고취시킨다

코칭 대화란 무엇일까? 누군가 "코칭은 구체적으로 무엇을 하는 겁니까?"라고 묻는다면 그 질문에 대한 답이 '코칭 대화'이다. 코칭의 3원칙이 큰 목표라고 한다면 코칭 대화는 이 목표에 도달하기 위한 하위 목표라고 할 수 있다. 이 장과 다음 장에서는 그 하위 목표를 달성하기 위한 기술을 전체적으로 다루고 있다. 특히 다음 장에서는 코칭의 프로세스 각 단계에서 유효한 기술을 소개할 것이다. 이를 통해 코칭 대화를 이해하고 실천할 수 있게 되기를 바란다.

간단하게 말하자면, 코칭이란 상대와 대화하는 것을 말한다. 그러나 그 대화는 보통의 대화와는 다르기 때문에 코칭 대화라고 하

〈그림 2〉 코칭 대화에 기반을 둔 코칭 기술

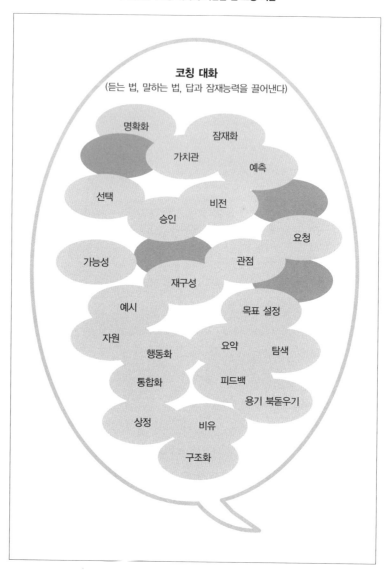

는 것이다. 코칭이 대화라고 누구나 쉽게 할 수 있을 거라고 생각할 지도 모른다. 그러나 실제로 해보면 의외로 어렵다. 대부분의 사람 들은 평소에 보통의 대화와는 다른 코칭 대화를 한마디도 하고 있 지 않기 때문이다.

일상생활에서 우리는 대화를 나눌 때 의식하면서 말하지 않는다. 다시 말해, 이런 말을 하면 상대방이 어떻게 생각할지, 상대방의 의 욕을 좀더 불러일으킬 만한 말은 무엇인지, 어떤 질문이 상대방의 상상력을 자극시킬 수 있는지와 같은 생각을 하며 대화를 하는 사 람은 많지 않다.

코칭과 코칭 대화에서는 자신이 하는 말, 즉 단어와 문장에 대해 강하게 의식한다. 코칭뿐만 아니라 커뮤니케이션에서 중요한 점은 어떤 말이 상대에게 어떤 영향을 미치는지 생각하는 데 있다. 그렇 다고 해서 상대를 존중해야만 하며 동료로서 상대의 의견을 경청해 야만 한다는 딱딱한 도덕론을 주장하려는 것은 아니다. 코칭 대화 를 하면 할수록 상대의 의욕을 고취시킬 수 있고, 코칭으로 상대를 끌어들일 수 있다는 사실을 강조하고 싶을 뿐이다.

예를 들어 보통의 대화에서는 "열심히 하게." "좀더 집중해서 해 주게"처럼 이야기가 진행될 것이다. 그러나 코칭 대화라면 이렇게 진행될 것이다.

• "자네가 집중해서 할 수 있는 방법은 무엇인가?"

코칭 대화는 보통의 대화보다 훨씬 더 상대를 몰입하게 만든다.

그러한 대화를 위한 수단, 방법, 기술이 코칭 대화에 듬뿍 담겨 있다.

## 언제 어디서나 코칭 대화를 활용하라

기업연수에서 코칭을 가르치면 특히 영업을 담당하는 사람들은 어느 정도는 금방 따라한다. "그런 건 할 수 있다. 이미 하고 있다"라고 화를 내거나 반발하는 사람들도 있다. 왜냐하면 그들은 코치에서 배우는 것을 이미 영업업무에 꽤 사용하고 있기 때문이다.

그들은 고객에게 상품을 권할 때 어떤 상품이 좋은지 알고 있어도 미리 말하지 않는다. 오히려 "어떤 상품이 좋으십니까?"라고 물은 뒤 상대의 의견을 듣고 "그렇군요"라는 말 한마디를 자연스럽게 한다. 그렇지만 그들에게 "여러분, 이런 대화를 사내에서 활용하고 계십니까?"라고 물으면 쓴웃음을 짓고는 침묵해 버린다.

회사 밖에서는 이런 대화를 할 수 있는데 사내에서는 하지 않는다. 모처럼 영업에서 갈고 닦은 인간의 심리를 파악하는 기술과 상대의 의욕을 고취시키는 테크닉을 사내의 부하, 동료, 상사의 관계에는 전혀 쓸 수 없다는 것은 매우 유감이다.

코칭 대화는 사외 커뮤니케이션뿐만 아니라 사내 커뮤니케이션에서도 유효하게 활용할 수 있다. 사외 커뮤니케이션이 가능한 사람은 사내 커뮤니케이션을 위한 도구로 이 책을 활용해 주길 바란다.

이 장에서 다룬 대화 기술은 뇌노록이면 적어두어라. 고객과의 상담, 상사와의 회의, 부하직원과의 면담 때 미리 훑어보아도 좋고 또 자료의 구석에 적어두어도 좋다. 매일 눈길이 닿은 곳에 적은 것을 붙여놓는 것도 효과적이다. 특히 마음에 드는 문장을 누구에게 사용하면 좋을지 생각해 보고, 이런 방식으로 자신만의 코칭 활용법을 만들어보자. 항상 자신이 이야기하는 단어와 문장을 의식하면서 대화를 해보자. 코칭에서뿐만 아니라 커뮤니케이션 그 자체가 점점 더 즐거워지고 나아질 것이다.

**Point**

코칭 대화는 상대의 의욕을 고취시킨다.

# 보통의 대화 vs 코칭 대화

## 자신이 이야기한다 vs 상대의 이야기를 듣는다

보통의 대화에서는 주로 자신이 이야기하지만 코칭 대화에서는 상대의 이야기를 듣는 것이 기본이다. 먼저 시간에 대해 살펴보자.

보통의 대화에서는 부하직원이 상사와 대화를 나눌 경우, 부하직원은 상사의 말에 "예"라고 대답하면서 30초 정도밖에 말하지 않는다. 하지만 코칭 커뮤니케이션에서 상사는 1분 정도만 말하고 나머지는 부하직원이 말한다. 여기서 '8:2'법칙을 적용해 보자. 상대가 이야기하는 비율을 8, 자신이 말하는 비율을 2로 정한다.

자신이 말하는 비율을 2로 정한 것이 지나치게 적다고 느낄 수도 있다. 하지만 실제 상황에서는 대체로 6:4 정도가 되며 자신이 지나치게 이야기하는 경우는 없어진다. 어쨌거나 자신이 이야기하는 시간보다도 상대가 말하는 시간을 길게 하는 커뮤니케이션이 코칭 대화의 기본이다.


## 일방적으로 말한다 vs 대화에 끌어들인다

'일방적으로 말한다 vs 대화에 끌어들인다'는 말은 언뜻 앞에서 말한 '자신이 이야기한다 vs 상대의 이야기를 듣는다'와 같은 의미처럼 보이지만 사실은 의미가 다르다. '상대의 이야기를 듣는다'는 말은 상대를 재촉하지 않으면서 상대의 이야기를 잘 듣는다는 뜻이다. 따라서 상대가 이야기하는 것을 기다리고 있는 상태라는 것이다.

'일방적으로 말한다'와 '대화에 끌어들인다'의 차이는 대화에 끌어들이는 노력을 하는가 하지 않는가에 있다. 결국 상대가 이야기하도록 끌어내는 것이 '대화에 끌어들인다'는 의미이다. 일반적으로 상사 가운데 그런 마인드를 가진 사람이 많지 않다. 대개 상사들은 자신의 이야기가 먼저라고 생각할 뿐만 아니라 부하직원의 이야기를 가만히 듣고 있을 여유가 없다고 말한다. 상사와 부하직원과의 관계뿐만 아니라 인간 자체가 그러한 경향을 갖고 있는 것 같다.

게다가 상대가 별로 입을 열지 않거나 대화를 좋아하지 않는 타입 또는 "가만히 좀 놔두세요" 하는 타입이면 상사는 더 이야기를 많이 하게 된다. '이 녀석은 원래 말이 없고 먼저 말하지 않으니까 혹은 말하려고 하는 마음이 없으니까'라고 생각해서 처음부터 커뮤니케이션을 하지 않고 그대로 내버려두는 경우도 있다.

그러나 좋은 질문을 하고 들으려는 자세를 갖추고 있으면 상대는 입을 열기 시작한다. 좋은 질문과 경청 자세를 갖고 있을지라도 평소에 받아보지 못한 질문을 받으면 처음에는 대답하기가 쉽지 않다. 코칭을 받아보면 이 같은 사실을 알 수 있다.

"자네의 가장 큰 강점은 무엇인가?"라는 질문을 받으면 처음엔 의심스러운 생각이 들겠지만 그다지 신경쓸 필요는 없다. "과연 이런 대화가 효과가 있을까?"라고 생각하며 반신반의하겠지만 점점 더 이야기에 빠져들게 되고 나중에는 의기양양한 상태가 된다.

상대가 대화에 응해주지 않는다고 대화를 체념해 버리지는 않는가? 이야기를 나누겠다는 확실한 의식을 가지고 있는가? 이러한 의식을 가지고 대화에 참여하는 것이 매우 중요하다.


## 이야기를 끌어내지 않는다 vs 이야기를 끌어낸다

'대화에 끌어들인다'는 것이 무엇인지 깊이 생각해 보자.

- "오늘 회의에 대해 자네는 어떻게 생각하나?"

이와 같은 질문을 던져 우선 대화에 끌어들인 뒤 다음과 같이 말한다.

- "자네라면 이런 상황에서 어떻게 말하겠는가?"
- "자네가 그 중에서 동의하는 점과 동의할 수 없는 점은 무엇인 가?"
- "그건 왜지?"

이런 질문을 계속하면서 이야기를 끌어내는 것이 코칭 대화의 특징이다. 보통의 대화에서는 이런 식의 질문을 하기가 좀처럼 쉽지 않다.

- "그래서 어떻게 했어?"
- "언제부터 그런 걸 생각하고 있었지?"
- "구체적으로 어떻게 해결하고 싶은데?"

이런 식으로 상대의 대화를 끌어내지 않거나 처음부터 할 마음이 없는 경우가 보통이다.

좋은 질문으로 상대의 이야기를 끌어낼 수 있는 사람은 상대의 생각도 잘 끌어낼 수 있다. 더욱이 코칭 대화를 잘하는 사람은 상대방 스스로도 생각하지 못했던 것까지도 끌어낼 수 있다. "내가 이런 것을 생각하고 있었던가!" "맞아. 내가 말하고 싶었던 것이 바로 그거야."

## 재촉한다 vs 기다린다

사람들은 대개 상대방의 이야기를 듣고 있으면 마음이 초조해지는데, 이는 인간의 자연스런 심리이다. 왜일까? 두 가지 이유를 들 수있다. 첫째, 자신이 이야기하는 편이 즐겁고, 다른 사람의 이야기를듣는 것은 고통스럽기 때문이다. 둘째, 이야기하는 스피드가 생각하는 스피드에 비해 압도적으로 빠르기 때문이다.

상대가 한마디 말하면 사고는 몇 십 배의 스피드로 움직인다. 따라서 상대가 말하는 한마디로 자기 마음대로 판단해 버리고 만다.그리고 나서 '이렇게 하면 되지.' '그건 이거야.' '그건 괜찮군. 저건별로야' 하는 식으로 빨리 피드백하려고 한다.

그래서 "결론이 뭐야?" "간단히 요점을 정리해서 말해줘"라며 상대를 재촉한다. 상대는 열심히 머리 속에서 정리해서 어떻게 전달하면 좋을지를 생각하고 있다는 사실에 생각이 미치지 못한다. 생각이 미쳐도 열심히 일하는 상사들은 바쁘기 때문에 상대가 생각할시간을 주지 않는다.

"그러니까 자네는 안 돼. 이런 것도 금방 대답하지 못하잖아"라는 식이다. 당연히 답과 능력을 끌어낼 수 없다. 그러나 천천히 침착하게 기다릴 줄 알아야 상대의 답과 능력을 끌어낼 수 있는 기회는 넓어진다. 따라서 어느 정도 시간을 주는 것이 중요하다.

때로는 코칭을 하는 사람도 초조해지는 경우가 있다. 그러나 코치는 답을 알고 있을지라도 되도록이면 참고 기다려야 한다. 상대외 이야기를 재촉하거나 "그것보다는…"이라고 말해버리게 되는 것을 참고 10초, 20초 또는 한두 문장이라도 상대에게 이야기를 시켜야 한다. 코칭 대화에서는 침착하게 기다리는 것이 중요하다. 예를 들어, 다음과 같이 이야기해 보자.

- "5분 아니 10분이라도 기다릴 테니, 생각이 정리되면 이야기해 보게."
- "정리되지 않아도 좋으니 생각난 것을 거리낌없이 이야기해주게."
- "답이 아니더라도 생각하는 것만으로도 의미가 있다고 생각하네."
- "정답에 집착할 필요는 없어."
- "무리하게 말을 서두를 필요는 없네."
- "천천히 침착하게 생각해 보자구."

훌륭한 코치는 기다릴 줄 안다. 재촉하지 않고, 기다릴 수 있는 대화를 한다면 휼륭한 코칭 대화를 할 수 있다. 시간적·정신적 여유를 가질 수 있는 '기다리는 대화'가 가능하도록 노력해 보자.


**(이쪽이) 평가한다 vs (상대에게) 평가하게 한다**

보통의 대화에서 판단의 주체는 자신인 경우가 많다. 판단이 서지 않는 경우뿐만 아니라 자신이 잘 모르는 경우에도 마음대로 적당히 판단을 내리는 경우가 적지 않다. 예를 들이 "요즘 너무 바빠서 업무량을 다음주부터 20퍼센트 정도 줄이고 싶습니다"라는 이야기를 들으면, "그건 안 돼." 또는 "음, 좋아"라고 그 자리에서 듣는 즉시 대답해 버린다.

코칭 대화에서는 먼저 상대 자신에게 평가를 하게 한다. 예를 들면 이런 식이다.

- "자네가 생각하기에 좋은 방법이 이것인가?"
- "그것으로 자네에게 어떤 변화가 생길까?"

코칭 대화에서는 상대가 생각할 뿐만 아니라 상대 스스로 답을 찾는다. 그리고 평가도 상대의 몫이다. 코칭에서는 "어떻게 생각해?"라고 묻지만 좀처럼 평가는 하지 않는다. 특히 부정적인 이야기나 판단하기 어려운 부분은 평가하지 않는다. 묻기 전에는 말하지 않으며 물어도 솔직하게 말한다. 그러나 보통의 대화에서는 묻지도 않았는데도 평가하고, 평가할 수 없는 것을 평가하기도 한다.

코칭 대화에서는 "이런 새로운 아이디어가 있는데 어떻습니까?"라고 물으면 "자네는 어떻게 생각하는가?"라고 먼저 묻는 것은 물론이고 앞에서 설명한 그래프를 이용하여 상대에게 평가하게 한다.

- "실행가능성을 100점 만점이라고 한다면 몇 점 정도일까?"
- "70점입니다."
- "왜 70점인가? 그 이유를 가르쳐주겠나? 니머지 30점을 올리

려면 어떻게 해야 하는가?"

상대는 자신이 내린 70점의 근거를 설명하고, 30점을 올리기 위한 조건을 생각한다. 갑자기 이쪽이 평가를 하면 어떤 의미에서는 그 시점에서 상대의 사고가 정지해 버리기 쉽다. 따라서 먼저 상대 자신에게 평가를 내리게 하는 편이 상대가 생각을 깊게 하는 기회를 늘릴 수 있다.

## 관찰하지 않는다 vs 관찰한다

대화를 할 때 상대의 얼굴을 보지 않는 사람이 많다. 눈이 치켜올라가는지, 입 꼬리가 아래로 내려가는지, 납득하고 있는 표정을 짓는지, 목소리의 톤은 변하지 않았는지 등을 보지 않는다. 왜냐하면 자신이 말하는 것에 정신을 빼앗겨 자신의 이야기가 어떻게 전달되고 있는지를 관찰하고 있지 않기 때문이다.

코칭 대화에서는 표정과 목소리의 변화를 절대 놓치지 않는다. 질문할 때 눈은 어떻게 움직이는지, 어떤 목소리로 대답을 했는지, 이 질문을 받고 나서 얼굴이 찡그려졌다면 다른 질문을 해보는 식으로 상대를 관찰하면서 대화해 나간다. 다시 말하면 코칭 대화에서는 대화의 상황을 모니터링하고 있다. 상대를 관찰하면서 대화하지 않으면 단순한 자기 만족의 대화로 끝나버릴 위험성이 높아진다. 특히 직위가 높으면 높을수록 상대가 벌써 지루해하는데도 의

기양양하게 떠들고 있는 경우를 많이 볼 수 있다.

대화를 하고 있을 때 상대를 관찰하는 것은 아주 중요하다. 얼굴의 표정뿐만 아니라 여러 가지 관찰 포인트가 있다.

- 이야기를 하면서 몸동작과 손동작을 크게 한다.
- 몸을 앞으로 숙인다.
- 지금까지 잘해오던 말을 갑자기 적게 한다.
- 말하는 스피드가 빨라졌다.
- 목소리 톤이 어두워졌다.
- 점점 목소리가 밝아졌다.
- 목소리가 커졌다가 작아진다.
- 시선이 어디에 있는가? 깊게 생각하고 있는 눈인가? 고민하고 있는 눈인가 아니면 기대가 찬 눈인가?

자신의 이야기에 몰두하다 보면 놓치기 쉬운 이러한 변화는 의식적으로 마음을 기울이면 알 수 있다.

코칭을 전화로 하는 경우에는 목소리에만 의존한다. 목소리의 톤이 변했는지, 이야기의 스피드가 변했는지, 표면적으로만 이야기하는지, 진심으로 이야기하고 있는지, 어디에서 숨을 돌렸는지를 민감하게 느끼면서 대화를 진전시켜 나가야 한다. 보통의 대화에서도 이런 의식을 갖도록 노력해 보자. 그러면 상대의 심리를 잘 알 수 있을 것이다.

## 한 가지 패턴의 질문 vs 다양한 질문

부하직원에 대해 "컨디션은 어때?" "자네도 생각해 보았는가?"와 같은 종류의 질문 외에 어떤 다양한 질문을 하고 있는가? 보통의 대화에서는 질문의 형태가 한 가지 패턴이 되기 쉽다.

코치는 적어도 50가지 정도의 질문 리스트를 가지고 있다. 코치는 이럴 때에는 이런 질문을 하자, 상대방이 대답하지 않을 때에는 이런 질문을 하자 등의 질문을 준비하고 있어야 한다.

코치는 머리로 생각하게 만들 뿐만 아니라 몸 전체로 생각하게 함으로써 능숙하게 상대 안에 있는 답을 끌어낸다. 코칭 대화에서는 질문이 매우 다양하다. 열린 질문과 닫힌 질문의 차이를 알고 있는가? 열린 질문과 닫힌 질문에 대해 전혀 모르는 사람, 알고 있어도 실천하지 않는 사람도 많을 것이다.

"그 프로젝트는 잘 되고 있는가?" "이것이 자네에게 이익을 주는가?"와 같은 질문은 닫힌 질문이다. 이런 질문을 받으면 '예스' 혹은 '노'로만 대답하게 된다. 이 질문을 열린 질문으로 바꾸어보면 다음과 같다. "잘되고 있는 부분으로 어떤 것을 들 수 있는가? 잘되고 있지 않은 것은?" "이것은 자네에게 어떤 이점이 있는가?" 이런 질문을 받으면 '예스' 혹은 '노'로만 대답하는 데 어려움이 따르기도 하지만 그만큼 자유롭게 답을 할 수 있다.

여기서 중요한 점은 열린 질문과 닫힌 질문 가운데 어느 쪽이 더 좋고 나쁜가에 있는 것이 아니라 두 질문을 능숙하게 조합하는 데 있다.

예를 들면, "잘 되는 부분으로 어떤 것을 들 수 있는가?"라는 열린 질문을 한 후에 "자네는 완수할 자신이 있는가?"라는 닫힌 질문을 덧붙여나간다. 자신감이나 의지 등을 물을 때에는 닫힌 질문이 효과적이다.

이처럼 다채로운 질문을 의식적으로 조합하고 적절히 나누어 쓰면 질문의 폭과 깊이는 놀랄 정도로 넓어진다. 이 책을 통해서 질문의 레퍼토리를 크게 늘려주길 바란다.

## 논리에 치우친다 vs 기분을 중시한다

비즈니스 세계에서 대화는 대부분 머리로 생각하게 한다. 한편 코칭 대화에서는 상대의 기분을 중시한다.

- "그것을 완수했을 때의 자신을 생각하면 어떤 기분이 드는가?"
- "지금의 기분은 기대감인가? 긴장감인가? 그렇지 않으면?"

기분은 우뇌의 움직임이고, 사고는 좌뇌의 움직임이다. 좋은 아이디어를 내려면 우뇌를 활용하는 것이 효과적이다. 그렇지만 비즈니스 대화에서는 좌뇌의 움직임, 즉 논리적인 방식에 따라 대화를 해나가므로 좀처럼 우뇌에 영향을 미치지 않는다.

좋은 아이디어를 생각해 낸 사람에게 그 논리적 근거·실증적 근거를 묻지만 그때 어떤 기분이었는지는 별로 묻지 않는다. 코칭 대화라면 다음과 같이 이야기를 이끈다.

- "그것을 생각할 때 어떤 기분이 들었나?"
- "두근두근했습니다."
- "두근거림은 특히 어디에서 왔다고 생각하는가?"

질문을 받은 쪽의 에너지는 점점 커지고 새로운 논리적 사고도 생긴다. 상대방이 불안해 보인다면 이렇게 서포트해 보자.

- "그것을 생각할 때 기분이 어땠는가?"
- "이런 것으로 괜찮을지 조금 불안했습니까?"
- "그 불안은 어디에서 왔는지 조금 더 살펴볼까?"

보통의 대화에서는 이런 식으로 질문하지 않는다. 따라서 기분에 대한 질문을 받으면 관점이 바뀔 뿐만 아니라 사고가 바뀌고 자신이 상태를 재확인할 수 있다.

사고만으로 생각하면 사고의 폭은 줄어든다. 사고의 질문은 누구라도 할 수 있지만 기분의 질문은 좀처럼 하기 힘들다. 그러나 기분의 질문이라는 무기를 갖게 되면 여러 가지 것들을 이해할 수 있다. 물론 사고의 질문과 기분의 질문 사이의 균형이 필요하다.

하지만 기분을 물을 때 "그 말투를 보니 겁먹은 것 같군요"처럼 상대의 부정적인 기분을 마음대로 강조하거나 판단해서는 안 된다.

"말투에서 주저하는 것처럼(불안해하는 것처럼) 느껴지는데, 어떻습니까?"라고 반드시 확인해야 한다.

카운슬러는 같은 말일지라도 주의 깊게 들어보면 불안한 기분, 슬픈 기분, 조급한 기분 등 여러 가지가 들린다고 한다. 사실은 그 감정이 그 사람에게 가장 솔직한 진심과 필요한 상황을 전달해 주기도 한다.

보통의 비즈니스 대화에서는 감정을 소홀히 하기 쉬우므로 기분을 듣는다는 의식이 희박하다. 그러나 코칭 대화에서는 하나하나의 대화 메시지를 잘 들을 뿐만 아니라 말 뒤에 감춰져 있는 기분을 항상 들으려고 한다. 상대가 하는 말의 뒤에 놓여 있는 기분을 놓치지 않는 것이 코칭 대화이다.


## 관심 없다 vs 흥미를 느낀다

보통의 대화에서는 "음~ 알고 있어." "그래. 괜찮은걸"과 같은 피상적인 대답을 하는 경우가 많다. 그와 같은 말에는 "경험도 없는 사람이 얘기는 잘하네." "어차피 네가 말하는 건 별것 아닐 텐데…." "내가 훨씬 더 잘 알고 있다"라는 식의 심리가 감춰져 있다. 다시 말해 위에서 내려보는 심리가 숨겨져 있는 것이다.

코칭 대화에서는 상대의 한마디 한마디에 흥미를 느끼기 때문에 호기심이 왕성한 대화가 이루어진다. 반면 모든 답이 내 안에 있다고 생각하는 사람은 상대방이 어떤 말을 해도 흥미가 없다. 여기서 무서운 것은 일단 관심을 잃어버린 사람은 뭔가를 들어도 흥미를 느끼지 못한다는 데 있다.

코칭 대화에서는 단지 맞장구를 치는 것뿐만 아니라 감정을 표현하는 말들도 많이 사용한다. 다음은 이런 예에 속한다.

- "그것 참 재미있는걸?"
- "굉장히 참신하고 좋은데?"
- "거기까지 생각하다니 전혀 의외인걸?"

대화를 하는 두 사람의 의식에는 어떤 대답이 돌아올 것인가, 어떤 의견을 말할 것인가, 어떤 아이디어를 생각해 낼 것인가, 두 사람이 이야기함으로써 어떤 것을 새로 만들 것인가와 같은 흥미진진한 느낌이 깔려 있다.

대화를 나누는 두 사람은 자신의 생각만을 고집하지 않고 뭔가 새로운 것이 만들어질 것이라고 기대하거나 확신하고 있기 때문에 흥미를 느낀다. 게다가 상대에게 처음부터 답과 능력이 있고, 그 사람 나름대로의 강점이 있을 거라고 믿고 있기 때문에 대화는 재미있다.

지금까지는 해보지 않았던 대화를 해보자. 그 사람이 갖고 있는 의외의 면을 끌어내자. 듣는 동안에 상대가 자기 스스로 "생각하지 못하고 있었지만 나도 많은 답을 가지고 있었구나!"라는 기쁨을 느낄 수 있도록 하자. 이런 의지를 가지고 대화를 하는 것이 중요하나. 그러한 대화를 반드시 해주길 바란다.

비즈니스에서는 주로 논리적인 대화가 이루어지지만 감정을 나타내지 않으면 그 대화는 점점 더 재미없어진다. 감정을 표현하는 말들을 쓰면 생생한 대화를 할 수 있다. 생생하고 재미있는 대화는 지금까지 생각하지 못했던 것들과 마음 한편에 있던 생각들을 드러내준다.

## 에너지를 위축시킨다 vs 에너지를 확대시킨다

상사와 부하직원과의 대화에서는 흔히 "실패하면 어떻게 하나?" "정말 이것으로 잘될 수 있을까?"라는 상투적인 말이 등장한다. 또한 부하직원이 뭔가 새로운 것에 도전하고 싶어서 "이런 것을 해보려고 생각하고 있는데요"라고 말하며 상담을 해도 "그런 생각을 하기 전에 해야 할 일이 있지 않은가?" 또는 "지금의 일도 만족스럽지 않으니 그런 것에는 손도 대지 말게"라고 매정하게 떼어놓는다.

이러한 대화가 계속되면 모처럼 부풀은 부하직원의 에너지를 위축시켜 버리고 만다. 그런 대화가 계속 되면 부하직원은 애초부터 에너지를 발산하려고 하지 않는다. 그러나 코칭 대화에서는 최초의 한마디를 이렇게 시작한다.

- "참 좋네요."
- "그것 참 재미있네요."
- "그렇게 생각하는 방법도 있었군."

안 되다고 생각했을지라도 "좋네요" "재미있네요"라는 말을 하면 듣는 사람의 에너지는 커진다. 비록 자연스러운 반응이 아니라고 생각되더라도 신경쓸 필요는 없다. "실패하면 어떻게 하나?"라는 말보다는 훨씬 더 에너지를 확대시키고 대화를 넓혀나갈 수 있기 때문이다.

사람들은 대개 새로운 것을 제안하거나 시작하려고 할 때 불안해한다. 혹시 바보 취급은 받지 않을까? 정말로 잘될 수 있을까? 전전긍긍한다. 그렇기 때문에 "참 좋네요"라는 말 한마디를 들으면 상대방은 일단 안심하고 한숨 돌리게 된다.

이와는 반대로 "정말로 잘될 수 있을까?"라는 말을 들으면 단번에 불안감이 급상승할 뿐만 아니라 '잘될 수 없는 이유'를 찾게 된다. 그러한 불안감의 반작용으로 "어째서 알아주지 않을까?" 혹은 "네가 알 수나 있어?" 하는 식으로 우울해하거나 화를 낸다.

코칭 대화는 상대의 에너지를 확대시킨다. 비록 회의가 크게 들거나 반론하고 싶더라도 갑자기 기를 꺾어버리지는 말자.


## 전부 알고 있는 척한다 vs 알아도 모르는 척한다

상사의 심리에는 모든 것을 알고 있지 못하더라도 '모든 것을 알고 있지 않으면 안 된다'라는 생각이 있는 것 같다. 선의에서 그러는 경우도 있고, 악의까지는 아니라도 멋있게 보이고 싶다는 생각에서 그러는 경우도 있다. 상사는 언제나 당당하지 않으면 안 된다며 애

쓰는 사람도 있다.

반면 코치는 알아도 자연스럽게 모르는 척한다. 훌륭한 코치일수록 자신이 갖고 있는 답을 먼저 말하지 않고 마음에 담아둔다. 이렇게 하면 좋다는 기본 패턴은 확실히 알고 있으므로 그 답을 말해주면 "역시 코치야!" 또는 "역시 전문가야!"라고 인정받을 수도 있다. 그렇지만 코치는 인정받고 싶은 기분을 꾹 참는다.

부하직원이 문제를 안고 있을 때 자신도 같은 경험을 했기 때문에 상사는 나름대로의 답을 갖고 있다. 그렇지만 바로 답을 주기보다 우선은 모르는 척을 해보자.

코칭 대화에서는 이런 말을 쓰면 좋다.

- "그것은 참 곤란하겠는걸?"
- "힘들겠구나."
- "그것은 생각하지 않으면 안 되지."
- "확실히 검토해 봐야 할 중요한 포인트이다."
- "그럼, 마무리는 어떻게 해야 할지 생각해 보게."

"우리 두 사람은 이 문제에 대한 답을 갖고 있지 않다"라는 전제에 서지 않으면 상대의 답을 끌어낼 수 없다. 계속 모르는 척을 하는 것이 아니라 먼저 모르는 척을 하고 철저하게 상대로부터 답을 끌어낸다. 그리고 이 이상은 나오지 않겠다거나 이쯤에서 힌트를 주는 편이 좋겠다는 생각이 들면 이때 자신이 갖고 있는 답을 주자.

이때에도 다음과 같이 말한다면 상대의 생각을 훨씬 더 쉽게 끌어낼 수 있을 것이다.

- "나도 3년 전에 비슷한 경우가 있었다네."
- "나도 신입사원일 때 그런 경우가 있었지."
- "이런 식으로 생각해 보면 어떨까?"
- "음~ 나라면 이런 방법으로 해볼 텐데."

"나도 완전한 답을 가지고 있지는 않지만…"과 같은 뉘앙스가 말 속에 포함되어 있으면 된다.


## 답을 준다 vs 힌트를 준다

"이것이 정답이야"라는 말과 "이런 것은 어때?"라는 말은 듣는 사람의 반응에서 큰 차이가 난다.

보통의 대화에서는 "이것이 정답이야"가 압도적으로 많다. 직접 말하지는 않아도 "그런 경우에는 이런 식으로 하면 좋다"라고 말하는 것도 그 뒤에는 "이것이 정답이다. 이것 이외에는 정답이 있을 수 없다"라는 메시지가 있다. 그러나 인간은 정답을 강조하거나 결정해 버리면 반발심을 갖는다. "그럴 리 없다." "내 나름대로의 방법으로 하고 싶다"라는 심리적 반발이 생기는 것이다.

코칭 대화에서는 답을 주기보다는 힌트를 준다.

- "~는 어때?"
- "~는 어떨까?"
- "~하는 것은 자네에게 도움이 될 것 같은가?"
- "나는 이렇게 생각하네. 자네에게 힌트가 된다면 좋겠는데."

코칭에서는 되도록이면 답을 주려고 하지 않지만 그렇다고 거기에 지나치게 신경을 쓰지 않아도 된다. 코칭 대화에서는 제안하는 형태로 답을 주는 경우가 많기 때문이다.

보통의 대화에서는 "이런 고객은 프라이드가 높으니까 자세를 낮추지 않으면 안 돼"와 같은 식으로 답을 준다.

그러나 코칭 대화에서는 이렇게 말한다. "이런 고객에게는 자세를 낮춰보면 어떨까?"

전통적인 지시 명령과 조언도 어미를 바꾸어 제안하면 코칭 대화가 된다. 이렇게 하다 보면 상대의 생각은 점점 커지게 될 뿐만 아니라 상대의 본심도 끌어낼 수 있게 될 것이다.

- "이런 건 어때?"
- "아니라고 생각합니다."
- "그러면 자네는 어떤 느낌이 드는가?"
- "저는⋯."

여기서부터 두 사람이 답을 찾아나갈 수 있다.

## 자신의 생각에 집착한다 vs 자신의 생각에 집착하지 않는다

보통의 대화에서는 자신의 생각과 세계에 집착하는 경우가 많다. 구체적으로는 상대가 끝까지 이야기하지 않았는데, "그건 좀 이상하다" "그것은 좋다(나쁘다)"라고 하는 판단해 버리고 만다.

또한 "어떤 방법으로 하고 싶은가?"라는 질문을 하고 상대가 답을 하면 "그것은 좀 이상하다" "그런 것이 제대로 될 리가 없다"라고 말해버리는 패턴이 자주 보인다. 당신도 한두 번은 그런 기억이 있을 것이다.

상대의 이야기를 끝까지 잘 듣지도 않고 이렇게 해야 한다, 이렇게 하는 편이 좋다라고 판단해 버리는 것은 결국 자신의 방법, 비즈니스관, 인생관, 세계관 등에 집착하기 때문이다.

자신의 사고방식이나 세계관에 집착하지 않는 코칭 대화에서는 "그렇군"의 한마디가 자연스럽게 나온다. "그렇군"이라는 한마디는 자신의 생각과 세계관에 집착하지 않을 때 나올 수 있다. 상대가 자신과 다른 의견을 갖고 있을 때에도 "그렇군"이라고 일단 받아들이는 것이 중요하다. 그 밖에도 이렇게 말하는 방법도 있다.

- "그렇게 보는 방법도 있군요."
- "미처 생각하지 못했던 것이군요."
- "그렇게 생각하셨습니까?"

지나치게 들릴지도 모르지만 코칭 대화에서는 상대방의 생각, 세계관, 비즈니스관, 더 나아가서 상대방의 인생관에까지 완전히 마음을 열게 된다. 다시 말해 자신을 버릴 수 있다. 그렇다고 해서 계속 버리는 것이 아니라 '일단 버려둔다'이다. 먼저 상대방의 생각을 끌어내고, 그의 이야기를 듣는 동안에는 버려둔다는 의미이다. 일단 상대방의 의견을 받아들이고 나서 자신의 의견을 말하면 된다.

자신의 의견에만 집착하면 상대방의 성장 기회뿐만 아니라 자신의 성장 기회도 줄어든다. 자신을 열어야 상대방도 '이 사람 정도라면 이야기해도 괜찮구나'라고 생각하며 마음을 연다. 또 그렇게 하면 자신도 '과연 그렇구나. 그런 방법이나 사고방식도 있구나'라고 생각할 수 있으며 본인에게도 공부가 된다.


## 말로만 끝난다 vs 행동까지 지원한다

코칭은 상대의 행동을 불러일으키는 데까지 이르러야 그 임무가 비로소 끝난다. 이야기만 하면 산뜻하게 끝날 수도 있다. 그러나 코칭에서는 행동까지 책임을 지고 서포트하며 행동하는 것을 지켜본다. 이 점에서 보통의 대화와 코칭 대화는 다르다.

보통의 대화에서는 계속 말하는 것으로 끝내버리는 경우가 자주 있다.

- "~ 의 기술을 익히고 싶습니다."
- "그래, 열심히 해보게."

이처럼 보통 대화에서는 "확실히 하게" "부탁하네" "열심히 하게" 정도로 끝나버린다. 그러나 코칭 대화에서는 행동에 이르기까지 끝까지 책임진다.

- "~ 의 기술을 익히고 싶습니다."
- "기술을 익히기 위해서 지금 무엇을 하고 있나? 그 밖에 할 수 있는 것으로는 어떤 것들이 있을까? …언제부터 실행하겠는가? …3개월 안에 이루고 싶은 것은 무엇인가?"
- "그럼 다음 달까지 ~ 을 해볼까?"

상사는 부하직원과 이런 식으로 약속한 뒤 한 달 후에 다시 묻는다.

- "그것은 어떻게 되어가고 있는가?"
- "아직 하지 못했습니다."
- "하지 못한 이유는 무엇인가?"
- "하기 어렵다면, 어떤 부분이 걸리고 있는가?"
- "좀더 효과적으로 할 수 있는 방법은 없을까?"
- "어떻게 하면 실행할 수 있을까?"

코칭에서는 행동을 일으키고 지켜보는 데까지 놓아주지 않는다. 이는 코칭의 굉장한 장점이라고 할 수 있다. 코칭하는 30분 동안 이야기가 많이 나아가지 않는다고 해도 고객이 행동하기 시작했다면 성공이라고 할 수 있다. 반대로 이야기는 잘되었는데 행동을 보여주지 않았다면 실패는 아니어도 불충분한 코칭이라고 할 수 있다.

"열심히 하게"로 끝나버리는 것은 모처럼 시작 지점에 섰는데, 거기에서 끝나버리는 것처럼 아까운 일이다.

코칭 대화에서는 상대방을 지나치게 밀어붙이는식이 되지 않도록 유의해야 하지만, "말에서 끝나는 것이 아니라 실행까지 이끈다"라는 의식을 가지고 대화를 하면 좋을 것이다. 그러면 상대방은 강제된 나쁜 기분이 들기보다 '여기까지 봐주는구나 또는 여기까지 서포트해 주는구나'라는 기분이 든다.


## 언제나 vs 가끔

흔히 사람을 평가할 때 아무렇지도 않게 "그 녀석은 언제나 그 모양이야"라고 말해버리는 경우가 있다. '언제나'는 100퍼센트를 의미한다. 그러나 100퍼센트 형편없는 인간은 없다. 70퍼센트가 형편없더라도 30퍼센트는 좋은 부분이 있다.

또한 '전부 형편없다'는 뉘앙스의 말투도 있다. '전부 또는 언제나 형편없다'는 말에는 비즈니스 능력뿐만 아니라 인격과 사는 방식까지 모두 인간으로서 실격이라는 뉘앙스가 포함되어 있다. 하지만 이 말은 진실이 아니므로, 이렇게 말하기보다 다음과 같이 말해보자.

- "때로는 그런 면이 있구나."
- "이렇게 하는 게 맞는 거 아닌가?"
- "~이라는 것도 있네."
- "~이라는 부분이 있을지도 몰라."

이런 말에는 구제의 가능성이 있다. 좋은 부분을 잘 취해나가면 되기 때문이다. '항상' '전부' '전혀 ~하지 않아'를 말해버리면 전부 거기에서 끝나버린다. '이런 점도 있다'라고 말하기 시작하면 상대방의 답을 끌어내고 성장시키는 실마리를 쉽게 찾을 수 있다.


## You vs We

대화를 나눌 때 당신은 자신이 말하는 단어의 '주어'를 의식하는가? "도대체 어쩔 작정인가?" "앞으로 어떻게 할 생각이야?"라는 물음의 주어는 You이다.

You가 주어인 대화의 배경에는 '나와는 관계없다. 네가 무엇인가 해야 한다'라는 책임 전가와 서포트하고 싶지 않다는 의지가 숨겨져 있는 경우가 있다. 꾸짖고, 상대를 존중하고 신뢰하지 않는 느낌의 You가 많아진다. 무서운 점은 자신은 그럴 생각이 털끝만큼도 없는데도 상대에게는 그런 뉘앙스가 전달되기 쉽다는 데 있다.

부정적인 상황일수록 자신은 관여하고 싶지 않기 때문에 악의는 없지만 You가 튀어나온다. 반대로 공을 세웠을 경우에는 "내가 말한 대로 됐잖"라고 I가 얼굴을 내민다.

코칭 대화에서는 We가 자주 나온다.

- "자, 이 상황을 개선하려면 무엇을 해야 할까?"
- "같이 생각해 보자구."
- "둘이서 생각나는 대로 아이디어를 내볼까?"

이러한 문장은 주어가 전부 We이다. 코치는 목적을 향해 나가는 운명공동체이며 서포트 그룹이다. 목적을 이루지 못했다면, 당신에게도 책임이 있고 나에게도 책임이 있다. 뭔가를 생각할 때에는 나도 생각하고 당신도 생각한다. 그것을 명확하게 또는 암묵적으로 전하는 것이 We라는 주어의 역할이다.

말할 때마다 주어를 생각하는 것이 귀찮을 경우, We를 쓴 좋은 문장이 순간 생각나지 않을 경우, 왠지 쑥스러운 느낌이 들 때에는 '같이'라는 말을 써보자. '같이'라는 말을 붙이면 자연히 주어는 We가 된다. 이는 매우 효과 있는 테크닉이다.

- "같이 검토해 보자."
- "같이 목표를 만들어보자."

We와 함께 코칭 대화에서는 I도 자주 등장한다. 비즈니스에서는 "자네는 이래야 한다"는 식의 대화가 자주 나온다. 이를 정확한 문장으로 고치면, "나는 자네가 이렇게 하는 것이 좋다고 생각하네"이다. 사실 이것은 어디까지나 자신의 의견에 지나지 않는다.

　그러나 만일 "자네는 이래야 한다"라고 말하면, 마치 신이 정답을 말해주는 것처럼 또는 세상의 진리와 상식을 말해주는 것처럼 연기하는 것에 다름아니다. "~ 해야 한다"는 말을 재미있게 생각하는 사람은 없다. 이 말은 진실도 아닐 뿐더러 말하는 사람의 의견을 밀어붙이는 것에 지나지 않기 때문이다.

　마치 진리를 말하고 있는 듯한 대화는 "~ 해야 한다"를 쓸 때만이 아니다. "자네 조금 느슨한 거 아니야?"라는 말을 듣는 사람은 '자네는 느슨하다'라는 보통의 진리를 들은 것처럼 느낀다. 말하는 쪽은 자신의 판단을 단정적으로 강요하고 있다는 사실을 알지 못한다. 이런 말을 들으면 듣는 쪽은 방어반응을 보이기도 하고(반론을 시작하기도 한다), 재미없어 하는 반응을 보이기도 한다.

　코칭 대화에서는 이렇게 말한다.

　• "자네의 이야기를 듣고 있으면, 좀더 노력할 수 있는 부분이
　　있는 것처럼 들리는데, 어떤가?"

　"나는 이렇게 생각한다"라는 식의 말을 들으면 상대는 "그렇지만 저는 이렇게 생각합니다." "아~ 그런가? 나는…"라는 식의 대화로 이어진다. 아무리 의견이 충돌하더라도 인간관계까지 틀어져버리는 경우는 없다. You에는 이쪽의 자기 멋대로의 판단이 들어가기 쉬운데 반해 I에서는 이야기의 관점과 판단 기준이 어디까지나 자신의 것이 된다는 것이 쉽게 전달되므로 듣는 쪽에서도 받아들이기

쉽기 때문이다.

I, You, We라고 하는 주어를 조금이라도 의식하는 훈련을 한다면 대화의 방향과 결말은 놀랄 만큼 좋은 방향으로 변할 것이다.


## 인정하지 않고 인정해도 전하지 않는다 vs 인정하고 전달한다

인간이라는 존재는 재미있는 면이 있어서 "저 녀석 최근 열심인걸?" "성장하고 있구나"라고 마음속으로 생각해도 90퍼센트 정도는 그 생각을 구체적인 말로 전달하지 않는다. "내가 너를 인정하고 있다는 사실은 일일이 말로 하지 않아도 알고 있을 거야"라고 생각해 버리고 마는 것이다.

그러나 상대방은 모른다. 대개 이럴 때 상대방은 인정해 주는 것 같지만 아직 확신을 갖지 못한다는 반응을 보인다. 인정하는데 전하지 않는 것은 인정해 주지 않는 것과 같다.

인정하고 있지만 전하지 않은 것은 그래도 나은 편이다. 인정할 만한 것이 보이지 않으니까 인정할 수 없다거나 더 나아가 인정해 주고 싶지 않으니까 인정하지 않는다는 악의 섞인 경우도 있다. 코칭 대화에서는 상대를 인정할 뿐만 아니라 인정한 것을 구체적인 말로 상대방에게 전해준다.

- "~이 좋아졌네요."
- "~의 부분이 전해 비해 크게 바뀌었군요."

- "실행해 주었군요. 너무 기뻐요."
- "들은 것은 확실히 실천하는 사람이군요."
- "신속하게 무엇이든 해내는 사람이군요."

확실히 말로 상대에게 좋은 점을 전달해 주자. 좋은 점뿐만 아니라 "이러이러한 것 때문에 힘들어하고 있는 것처럼 보이는데, 어때?"라는 식으로 부정적인 면을 전달해 주어도 좋다. 부정적인 부분을 말할 때에는 "맞습니까? 어떻습니까?" "그런 얘기를 들으니 어때요?" "거기에 대해 솔직한 의견을 말해보세요" 등을 더 이야기해 주면 좋다.

코칭 대화는 좋은 점과 부정적인 점을 포함해서 "나는 당신을 인정하고 있다"라는 것을 피드백하는 것이라는 점을 기억하자.

## 약점을 지적한다 vs 강점을 인정한다

코칭 세미나에서는 종종 "부하직원 한 사람 한 사람의 얼굴을 떠올려보아 주십시오. 그리고 한 사람 한 사람의 강점을 말해주십시오"라는 질문을 한다. 놀랍게도 전혀 답을 하지 않는 경우가 적지 않다. 보통의 대화에서는 대개 상대방의 안 좋은 점만 찾게 되는데, 이는 인간의 무의식적인 심리이기도 하다.

상사가 부하직원과 이야기하고 있으면, "이 녀석은 이 점이 마음에 안 들어." 또는 "이 점이 아직 부족해"라고 생각하는 경우가 많다. 이런 생각에는 악의가 있어서가 아니라 자신이 상사라는 자존심 또는 자기 만족이 깔려 있는 부분도 있고 약점을 발견하고 말해주어야 부하직원이 성장하고 발전할 수 있다는 부모의 심정도 있기 때문이다.

확실히 상대방의 약점과 개선점을 찾아주자는 배려도 중요하지만, 그것이 너무 지나치거나 한쪽에 치우치면 안 된다.

약점을 하나 찾았다면 강점도 하나 찾아주자. 할 수 없다고 하는 사람은 단지 하지 않는 것뿐이다. 그런 의미에서 코칭은 약점을 강점으로 커버하는 것이라고도 말할 수 있다.

- "당신의 강점은 무엇입니까?"
- "지금의 상태에서 자신의 능력을 발휘할 수 있다면, 자신의 어떤 점들이 도움이 될까요?"
- "어떤 상황에서 당신은 자신의 강점을 보다 발휘할 수 있을 것 같습니까?"
- "당신이 다른 사람과 다른 점은 무엇입니까?"
- "자신이라면 좀더 잘할 수 있다고 생각하는 점은 무엇입니까?"

직접 상대방에게 묻는 것뿐만 아니라 코치가 피드백하는 경우도 있다.

- "저는 당신의 이런 점이 강점이라고 생각하는데, 그것을 살려보지 않겠습니까?"

- "이번 부서에서는 자네의 능력을 최대한 발휘할 수 있다고 생각하네. 왜냐하면 ~이기 때문이지. 이런 말을 들으니 어떤 느낌이 드나?"

상대방에게 자신의 강점을 인식시켜 주자. 인식시키면 약점을 커버해 주는 것이 된다. 예를 들면, "소심하기 때문에 사람들 앞에서 잘 이야기를 못 합니다"라는 사람이 있다고 하자. 이때 코칭 대화에서는 다음과 같이 말한다.

- "뭔가 자신 있는 화제가 있습니까?"
- "소심한 것을 역으로 살릴 수 있는 부분은 없습니까?"
- "지금까지 이야기를 잘했던 경험은 없습니까?"

먼저 강점을 찾아나아가고, 강점을 살려서 약점을 커버한다. 대화로 끌어내고, 대화 도중에 발견했다면 바로 전해준다. 코칭 대화에서는 상대의 강점을 인정해 주자는 의식을 높여가면서 이야기해 나간다.

## 상대의 실수를 질책하는 기회로 삼는다 vs 상대의 실수를 성장의 기회로 삼는다

비즈니스에서는 '상대의 실수 = 질책'이라는 도식을 당연한 것으로 받아들인다. 격려하려는 선의도 있고, 이 기회에 마음먹고 혼낸다거나 스트레스를 푼다는 악의의 경우도 있지만 어쨌거나 상대의 실수는 질책하는 기회가 되고 있다.

보통의 대화는 여기에서 끝나버리지만, 코칭 대화는 상대의 실수를 활용하는 것에서 시작한다. 한 차례 질책하거나 깊이 원인 분석을 한 후에 다음과 같은 방식으로 대화를 계속해 나간다.

- "이 실패에서 배운 것은 무엇인가?"
- "다음에 활용할 수 있는 교훈으로는 어떤 것이 있다고 생각하는가?"
- "똑같은 실수를 하지 않으려면 오늘부터 무엇을 해야 하나?"
- "그 실패가 없었다면, 무엇을 배울 수 있었다고 생각하나?"

누군가가 실수를 하거나 실패를 해서 괴로워하고 있을 때에는 좋은 기회라고 생각하자. "기회 같은 것을 말할 상황이 아니야." 또는 "너무 무른 생각이야"라고 생각할지 모르지만, 기회라고 생각하면 부하직원뿐만 아니라 자신과 회사도 많은 것을 얻을 수 있다.

'누군가의 실패를 학습으로 바꾸는 것이 코칭'이다. 상대방이 실수하고 실패하여 안 되겠다고 생각하고 있을 때에도 코치는 능숙하게 질문함으로써, 상대에게 "아 그렇군. 실패는 했지만 배울 게 많았다"라고 생각해 주길 바란다.

예를 들어, 풀이 죽어 있는 부하직원이 "지난번에 말씀드린 A사 계약건은 따내지 못했습니다"라는 말을 했다면 다음과 같은 질문을 해주자.

- "프리젠테이션 방법은 어땠는가?"
- "약속을 잡는 방법은 어땠는가?"
- "근성은 어땠는가?"
- "이 실패에서 배운 것은 무엇인가?"
- "무엇을 배울 수 있었는가?"

이런 질문에 대답하지 못할 때에는 힌트를 주자. 긴 안목으로 보자면, 코치는 실패했더라도 실패에서 배울 수 있었다는 의식을 심어주어야 한다. 질책과 주의를 주어서도 안 되며, 엄하게 이야기해서도 안 된다는 것이 아니라 이런 대화를 일상적인 대화에 플러스알파로 덧붙인다는 생각으로 꼭 활용해 주길 바란다.

**Point**

- 코칭 대화에서는 '8 대 2 법칙'을 기억하자.
- 대화는 상대방의 표정을 잘 관찰하면서 진행한다.
- 열린 질문과 닫힌 질문을 조합하거나 나누어 사용하면 질문의 폭과 깊이는 놀랄 정도로 넓어진다.
- "좋군요" "재미있네요"라는 한마디는 듣는 사람의 에너지를 확대시킨다.
- 훌륭한 코치는 모르는 척하고 상대에게서 답을 끌어내며 힌트를 준다.
- 코칭은 상대방이 행동할 때까지 책임지고 서포트하고 지켜보는 것이다.

- 상대방의 의견이 다를 때에도 "그렇군요"라고 받아들인다.
- 좋은 점과 나쁜 점을 포함해서 나는 당신을 지켜보고 인정하고 있다는 것을 피드백한다.
- 코칭 대화에서는 상대방에게 자신의 강점을 인식시키고 상대의 강점도 인정해 주는 의식을 높여가면서 대화해 나간다.

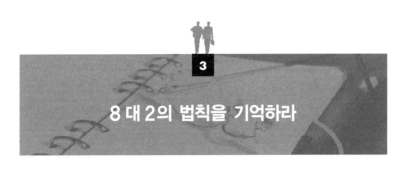

# 8 대 2의 법칙을 기억하라

## '8 대 2의 법칙'

코칭 대화가 잘되고 있는지 확인하고 싶다면 상대방의 얼굴색, 목소리의 변화, 태도, 표정 등을 잘 관찰해 보자. 코칭 대화가 잘 이루어지고 있다면 상대방은 이야기하는 도중에 생기가 돌거나 열정적인 모습을 보이고 힘이 넘쳐난다. 상대가 의기양양하지 않아도 깊이 생각하는 표정을 짓거나 새로운 깨달음이 일어나고 있는 표정으로 바뀌는 것을 알 수 있다.

코칭 대화가 잘되고 있는데도 자신은 '뭔가 부족하다' '정말 이런 것으로 괜찮은가'라고 생각하게 되는 경우도 자주 있다. 그 이유는 간단하다. 코칭 대화에서는 평소보다 말하는 양이 줄기 때문이다.

설교하거나 지식을 전해주거나 조언을 해주지 않으므로, '이런 걸로 괜찮을까?' 또는 '상대에게 효과가 있을까?'와 같은 생각을 할지도 모른다. 그러나 사실은 그 정도가 코칭 대화가 잘 이루어지고 있는 패턴일 경우가 많다. '8 대 2의 법칙'을 기억하라.

그런데도 불안한 사람은 다음과 같은 질문을 상대방에게 해보는 것도 좋다.

- "코칭 교육을 받았는데, 코칭 대화 연습을 해봐도 괜찮을까?"
- "솔직히 말해서, 다른 때와 달랐어? 전혀 달라지지 않았어?"
- "오늘 질문에서 마음에 와닿은 질문은 있었나?"
- "내가 말한 방식에서 이상한 점은 없었나?"
- "대답하기 어려운 질문을 했다면, 곧바로 그 자리에서 가르쳐 주겠나?"

이와 같은 방식으로 피드백을 받아본다. 대화를 시작하기 전이나 도중, 끝난 다음이라도 상관없다.

솔직하게 감상을 물으면 상대방은 "그 질문이 좋았습니다"라던가 "질문해 주어서 쉽게 말할 수 있었습니다" 또는 "이런 질문을 받았다면 더 좋았을 것 같습니다" 등의 답을 해줄 것이다. 그것을 참고하면 좋다.

상대로부터의 피드백을 참고로 해서, 서서히 코칭 대화를 갈고 닦아나가자. 코칭 대화가 잘 되었다거나 잘 되지 않았다고 해서 일희일비하거나 '나한테는 맞지 않는다'는 등 성급하게 결론을 내리

지 말자. 시험해 보면서 조금씩 잘 받아들이면 성공적인 코칭 대화
를 해나갈 수 있을 것이다.

코칭 대화가 잘 이루어지면 상대방은 이야기하는 도중에 생기가 돌고 열정적
인 모습을 보이며 힘이 넘친다.

## 코칭의 실천이 어려운 이유는?

누구나 코칭의 달인이 바로 될 수 있는 것은 아니다. 지위가 높을수록 코칭의 실천에서 실패하는 확률이 높다는 보고도 있다. 왜 코칭의 실천이 어려운 것일까? 그 이유를 4가지 들어보고, 심리학적인 관점에서 상세하게 살펴보자.

### 첫 번째 이유 — 뿌리깊은 전통적 인간관

우리 사회에는 "아랫사람은 윗사람에 의해 엄격하게 교육받고 통제받아야 한다"는 인간관이 뿌리깊게 존재하고 있다. 이런 의식은 심리학에서의 '정신분석학적 모델(인간은 성적 욕구와 공격적 충동 등의 본능에 의해 지배되기 쉽다고 생각하는 모델)'과 '행동주의적 인간 모델(인간은 원래 무지한 존재이고, 보상과 벌에 의한 학습을 통해 사회성을 배운다고 생각하는 모델)'과도 일맥상통한다.

스포츠 코칭의 분야에서는 '덩키(당나귀) 어프로치(선수를 당나귀, 즉 바보 멍청이로 생각한다)', 경영학에서는 더글라스 맥그리거의 'X이론(성악설적인 인간관이다. Y이론은 성선설적인 인간관이다)'

과 마찬가지이다.

예를 들면, 상명하달·수직형 조직·지배와 종속의 관계·지시 명령형·관리 통제형·조작주의 등 전통형 조직의 특징은 이와 같은 인간관을 기본으로 하고 있다.

심리학에서도 최근에 들어서야 인간의 주체성과 능동성을 강조하는 인간관('인간학적 모델'이라고 불리며 자기 실현으로 유명한 에이브러햄 머슬로와 '클라이언트 중심 요법'의 칼 로저스가 주장했다)을 소리 높여 주장하기 시작했다. 그렇기 때문에 비즈니스 세계에서 오랫동안 암묵적으로 사용되어 온 인간관을 뒤집는 것은 그리 쉬운 일이 아니다. 옳고 그름을 묻는 것을 떠나 지시와 명령하는 것을 멈출 수 없거나 부하직원의 일거수 일투족을 세세하게 지배해야 한다는 생각은 이러한 인간관이 머리 속에 뿌리 깊게 남아있기 때문이다.

### 두 번째 이유 ― 커뮤니케이션 패턴의 고정화

두 번째 이유로 '커뮤니케이션 패턴의 고정화'를 들 수 있다. 코칭에서 사용되는 커뮤니케이션 기술의 필요성은 아주 최근에 인지되기 시작했다. 따라서 베테랑일수록 오랫동안 상명하달과 지시 명령형 커뮤니케이션 패턴을 사용해 왔기 때문에 그 패턴을 바꾸는 것은 쉽지 않다.

코칭을 배운 후에도 "어떻게 하면 이 문제를 해결할 수 있을까?"라고 말해야 한다고 생각하지만 자신도 모르게 "뭐하고 있는 거야? 빨리 ~해"라며 화를 낸다. 이처럼 지금까지 사용해 온 패턴을 바꾸기란 쉽지 않으므로 수년 혹은 수십 년 동안 익숙해져 온 패턴을 바꾸기 위해서는 본인에게 상당한 강한 의지와 끊임없는 노력이 필요하다.

### 세 번째 이유 ― 프로세스 로스

세 번째는 '프로세스 로스(Process Loss)'이다. 루돌프 슈타이너(Steiner)라는 심리학자는 "아무리 옳고 효과 있는 의견일지라도 그 의견이 지위가 낮은 사람에게서 나왔다는 것만으로 윗사람은 그 의견에 귀를 기울이지 않게 된다"는 법칙을 말한 바 있다.

답이 상대(특히 부하직원) 안에 있다는 사실을 좀처럼 믿을 수 없는 것도, 상대가 낸 답에 대해 불문곡직하고 "그런 것으로 잘될 리 없다." "그 정도의 아이디어밖에 내지 못하는가?"라고 부정해 버리기 쉬운 것도 이 때문이다. 나아가 상대의 지위가 낮기 때문이라는 이유만으로 상대가 낸 답을 처음부터 부정적으로 받아들이는 경우도 자주 있다.

### 네 번째 이유 — 자존심과 강박관념

네 번째 이유로 '상사로서의 자존심' 문제를 들 수 있다. 코치는 상대와 수평의 관계 또는 서포트해 주는 사람이다. 따라서, 상대에게서 한 발자국 물러나서 어떤 의미에서는 '음의 존재'가 되어야 한다. 그러나 지위와 근속연수가 올라갈수록 "나는 상대보다 위에 있는 존재"라는 자존심과 반대로 "나는 상대보다 항상 위에 있지 않으면 안 된다"는 강박관념에 의해 그것이 불가능해진다.

아무리 해도 '위와 아래'라는 관계에서 빠져나올 수는 없다. 그 때문에 코칭 그 자체에 익숙해지지 않거나 코칭을 할 마음이 었는데 그만 설교와 충고를 하게 되고, 위압적인 태도를 보이게 되는 것이다.

또한 스스로 생각하고 움직이는 인재를 갖고 싶다고 입으로는 이야기하면서도 실제로는 부하직원이 자발적으로 행동하면 쓸데없는 짓 하지 말라고 혼내기 쉬운 것도 이 때문이다. 그래서 코칭이 도움이 되긴 하지만 그 실천은 어려운 것이다.

이상의 4가지를 해소하는 것이 코칭을 실천하기 위한 전제 조건이다. 4가지를 정리해 보면 다음과 같다.

1. "윗사람은 아랫사람을 지배하고 통제해야 한다"는 인간관을 버려야 한다.
2. 익숙해진 고정화된 커뮤니케이션 패턴을 깨닫고, 그것을 바꾸려고 노력하라.
3. 상대방의 지위가 낮은 것에서 생기는 부정적인 심리적 틀을 깨뜨려야 한다.
4. '위와 아래'라는 자존심과 강박관념을 버리고, 상대방과 수평의 입장에 서라.

코칭 기술은 이와 같은 전제가 충족되었을 때 비로소 효과적인 기능을 발휘한다.

제 3 장

# 바로바로 활용하는 코칭 실천 프로세스

Coaching

코칭 프로세스는 오프닝 → 목표 설정 → 해결책 · 실행책의 검토 →

실행 → 피드백이라는 흐름이 기본이다.

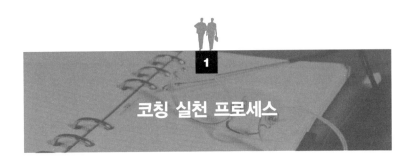

# 코칭 실천 프로세스

## 코칭 대화의 사례

**코치** '어떻게 하면 더 우수한 세일즈맨이 될 수 있을까?'에 대해서 잠시 이야기를 나눌 수 있겠습니까?

**양 대리** 예. 30분 정도 시간이 있습니다.

**코치** 양 대리님. 지금 영업 담당으로서 자신에게 몇 점 정도를 줄 수 있습니까?

**양 대리** 70점 정도입니다.

**코치** 그렇군요. 그럼 70점이라는 부분에 대해 먼저 생각해 보죠. 왜 70점을 주었나요?

**양 대리** 작년에는 매월 계속해서 영업 목표의 매출을 달성했습니다. 게다가 반복해서 주문한 고객의 비율이 30퍼센트나 늘었습니다.

**코치**  합격점입니까?

**양 대리**  무르게 보면 합격점이라고 할 수 있습니다.

**코치**  그 밖에 다른 요인도 있습니까?

**양 대리**  신규 개척의 구조가 나름대로 만들어진 것입니다.

**코치**  지금까지 한 이야기는 겉으로 눈에 보이는 점이라 할 수 있습니다. 그렇다면 자신의 내면적인 것과 능력 면에서 70점을 준 이유는 무엇입니까?

**양 대리**  거래처에 제출하는 제안서를 되도록이면 이해하기 쉽게 만들려고 항상 노력하고 있습니다. 그리고 나름대로 향상되어 온 것 같습니다. 프리젠테이션도 이해하기 쉽게 하려고 노력하고 있구요.

**코치**  지금까지의 이야기를 들어보면 '이해하기 쉽다'라는 부분이 키워드인 것 같습니다. 어떻습니까?

**양 대리**  예. 듣고 보니 그런 것 같습니다.

**코치**  그러면 양 대리님의 강점은 기획 제안을 이해하기 쉽게 하는 것입니까? 이 부분이 자신 있습니까?

**양 대리**  자신 있다고 확실히 말할 수 있을 정도인지는 모르겠습니다만 다른 영업사원에 비해 강점인 것 같습니다.

**코치**  한 가지 더 들 수 있겠습니까? 다른 사람과 비교하지 않아도 자신 있는 부분 또는 강점이라고 할 수 있는 것이 있습니까?

**양 대리**  글쎄요.

**코치** 한 가지 더 찾아보세요.

**양 대리** 자신이 생각하는 것과 다른 사람이 보고 인식하는 것에는 차이가 있을 수 있다고 생각합니다. 틀을 정하지 않고 새로운 것에 도전하고 접근하는 자세가 저의 강점인 것 같습니다.

**코치** 언제부터 그런 생각이 들었습니까? 예전부터입니까? 아니면 최근부터입니까?

**양 대리** 최근 2, 3년 사이인 것 같습니다.

**코치** 지금까지의 이야기를 들어보면 최근 몇 년 동안 양 대리님의 구체적인 업무 성과로 2가지가 나왔습니다. '이해하기 쉽게 한다'와 '새로운 것에 도전한다'가 그것이죠.

**양 대리** 솔직히 말씀드리면 영업부로 옮긴 지 6년이나 되어서 머리에 딱 떠오르지 않네요.

**코치** 그럼, 다른 식으로 생각해 보죠. 일을 보람 있게 끝낸 적이 있습니까? 무엇이든 좋습니다. 인상에 남아 있는 것도 좋구요.

**양 대리** 음~ 아무래도 매출에 관계된 것을 생각하게 되어서 '매출 숫자가 아닌 보람' 같은 것은 생각이 잘….

**코치** 자, 그럼 매출을 보지요. (매출에 관해 이야기를 한다) K사에의 영업성적은 대단했군요. 영업담당으로서 처음부터 느낌이 괜찮았습니까?

**양 대리** 그다지 다른 느낌은 없었습니다. 솔직히 반신반의했던 것 같습니다.

**코치** 그렇다면 결과적으로 좋았다고 생각한 것은 무엇입니까?

**양 대리** 영업 방문을 한 시기가 적절했습니다. 제안서도 알기 쉽게 되어 있어서 설득력이 있었던 것이구요. 동종업계 다른 회사에 비해서 적절한 시기에 내용의 차별화가 이루어진 점인 것 같습니다.

코치 차별화된 점은 무엇입니까?

양 대리 비용 면에서 다소 손해가 나더라도, 고객의 니즈를 만족시키는 목표를 정해서 밀고나간 점을 들 수 있습니다. 다른 회사는 자사의 강점, 특징을 전면에 내세우고 고객의 니즈를 만족시키는 프로세스를 시뮬레이션한 제안을 별로 하지 않았습니다.

코치 반대로 처음 느낌은 있었는데 결과는 좋지 않은 적이 있습니까?

> 이런 느낌으로 코치는 양 대리 자신에게 영업사원으로서 지금까지(과거)와 현재를 정리하도록 한다. 한 차례 이야기가 마무리되면 미래의 이야기, 즉 좀더 우수한 영업사원에 대한 이야기로 옮겨간다.

코치 100점의 영업사원이 되었다고 상상해 보면, 지금과는 어떤 점이 다를까요?

양 대리 여러 모로 다를 거 같습니다.

코치 예를 들면 어떤 것들이죠?

양 대리 매출이 늘고 거래하는 회사들도 더욱 늘었을 겁니다.

코치 지금 거래하는 회사는 몇 개 사 정도입니까?

양 대리  약 15개 사 정도입니다.

코치  어느 정도 늘었을 것 같습니까?

양 대리  두 배 정도입니다. 일의 효율성도 높아질 것이고 신규고객
도 늘 것입니다. 또 기존 고객의 수요도 꾸준할 것 같습니다.

> 코치는 이상적인 영업사원으로서의 비전을 되도록이면 상세하고 구체적으로
> 양 대리의 머리 속에 그려지도록 대화를 이끌어나간다. 그런 다음 '지금부터
> 가능한 일'로 이야기를 옮겨간다.

코치  새로 개척하고 싶은 회사가 있습니까?

양 대리  예. S사 같은 회사입니다.

코치  그렇군요. 그 회사의 담당자와 면식이 없으면 안 되겠죠. 담당
자에게 내일 전화해서 이야기할 수 있는 시간을 달라고 말하실
수 있습니까?

양 대리  아마 못할 것 같습니다.

코치  자신 있게 전화하려면 무엇을 해야 할까요?

양 대리  일단 어느 정도 리서치해서 기획서를 가지고 간다면 방문
목적이 성립할 것 같습니다.

코치  언제까지 하고 싶으십니까? S사에 기획서를 가지고 간다면
언제까지 리서치하고, 언제까지 전화하고, 언제까지 약속을 잡을
계획을 세우고 싶습니까? 먼저 리서치를 완성하는 데까지 얼마나

걸릴까요?

**양 대리** 본격적으로 한다면 1주일 정도 걸릴 것 같습니다.

**코치** 그렇다면 1주일 동안 리서치를 한 뒤 기획을 하기까지는 어느 정도나 걸릴까요?

**양 대리** 2, 3일 정도요.

**코치** 2, 3일 정도요? 그 다음에 전화를 건다. 그것은 괜찮죠? 그 후에 며칠 내에 담당자를 만나고 싶습니까?

**양 대리** 상대방의 상황도 고려해야겠지만, 1주일에서 2주일 정도면 될 것 같습니다.

**코치** 얼마 후에 계약을 하고 싶으십니까?

**양 대리** 이상적으로 말하자면 한 달 후입니다.

**코치** 그렇다면 1주일 동안 리서치를 하는 것부터 시작하지요. 가능하겠습니까?

**양 대리** S사는 어떻게 해서라도 거래를 트고 싶은 회사이기 때문에 열심히 하겠습니다.

**코치** 그럼, 1주일 이내에 리서치를 완성한다는 약속을 하지요. 좋습니까?

**양 대리** 예.

---

그 후에 리서치하는 방법에 관해 좀더 구체적으로 검토한다.

---

〈그림 3〉 코칭 실천 프로세스의 예

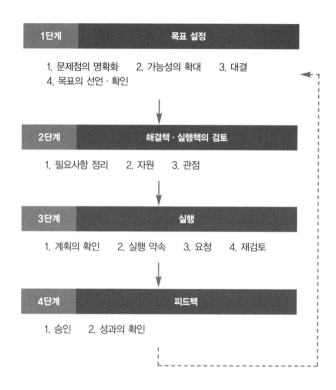

어떠한가? 조금 길긴 했지만, 코칭을 실천할 때 어떻게 진행해야 하는지 이해하기 쉽게 코칭의 일부를 재연해 보았다.

이 장에서는 코칭 프로세스의 단계마다 각각의 상황에서 적용할 수 있는 코칭 기술을 소개할 것이다. 코칭에서 코칭 프로세스는 오프닝(도입) → 목표(테마) 설정 → 해결책·실행책의 검토 → 실행 →

피드백이라는 흐름이 기본이다. 물론 목적과 상황에 따라 변할 수 있기 때문에 그 흐름만 고집할 필요는 없지만, 이 흐름을 기억해 두면 무척 편리하다. 왜냐하면 여기저기로 이야기가 흘러서 결국 어떤 결론과 성과도 내지 못하는 상황을 피할 수 있기 때문이다.

처음에는 이 흐름을 일부러 강하게 의식하는 게 좋다. 그러다가 어느 정도 자연스럽게 이 흐름에 따라 대화할 수 있게 되면 궤도 수정과 흐름에서 벗어나는 경우를 생각해야 한다. 코칭 프로세스는 '효과적인 대화'를 가능하게 하는 큰 무기가 된다.

### Point

코칭 프로세스는 오프닝(도입) → 목표(테마) 설정 → 해결책·실행책의 검토 → 실행 → 피드백이라는 흐름이 기본이다.

## 오프닝, 상대를 코칭 모드로 전환시킨다

### 코칭 전에 상대의 허락을 받는다

일반적으로 사람들은 평상시에 목적을 가진 코칭 대화를 하지 않는다. 그렇기 때문에 갑자기 코칭 대화를 시작하면 상대방은 "이사람, 왜 그러지?" "갑자기 그런 걸 물어보니…"라는 식의 반응을 보인다. 상대방의 머리 속은 갑자기 코칭 모드로 바뀌지 않는다. 이럴 때 상대방이 코칭 모드로 들어가는 데 도움을 주는 문장을 넣으면 대화가 매끄럽게 진전된다.

- "컨디션은 어때?"
- "최근에 열심히 하고 있군."

- "요즘 활기가 있어."
- "뭔가 새로운 것을 시작했다고 하던데."

이와 같은 말들을 인사 대신 해도 좋다. 물론 칭찬하는 말이 훨씬 더 효과적이다. 의미가 없어 보이는 말일지라도 이런 말을 하고 안 하고의 차이는 크다. 여기에서 특히 중요한 것이 '허락'이다. 허락은 "지금부터 코칭 대화를 하고 싶은데 괜찮겠나?"라는 승인을 상대로부터 얻는 것이다.

코칭은 어떤 의미에서 상대의 내면을 속속들이 드러내는 것이며, 평소에는 좀처럼 하기 어려운 말을 하게 만드는 것이므로, 코칭을 하는 쪽도 대개 일상적으로 하지 않는 것을 말한다. 그렇기 때문에 자기 마음대로 코칭을 시작하는 것은 아무리 상사와 부하직원과의 관계라고 할지라도 바람직하지 않다(물론 정기적으로 6개월에 한 번 있는 부하직원 면담처럼 허락이 필요없는 경우도 있다). 상대방의 의심이나 경계심, 적어도 방어 모드를 풀기 위해서는 반드시 허락을 구하는 한마디를 건네는 수고를 아끼지 말아야 한다. 승인의 구체적인 예를 들어보자.

- "잠깐 그 건에 관해 이야기하고 싶은데, 괜찮은가?"
- "바쁜 건 알지만, 잠깐 이야기하고 싶은데, 부탁해도 괜찮을까?"
- "코칭을 배웠기 때문에 시험을 좀 해보고 싶은데 괜찮을까?"

"괜찮을까?"가 보통의 대화와는 다르다. 상대가 이야기하고 싶은 상황인가, 그렇지 않은 상황인가에 관계없이 무리하게 "부하직원이니까 이야기에 응하는 것은 당연하지." 또는 "너를 위한 것이니까 이야기에 응하는 것이 마땅하다"라는 뉘앙스가 사라진다.

허락을 얻으려고 했는데 부하직원으로부터 거절당하는 경우는 별로 없을 거라고 생각하지만, 혹시 그런 경우라도 "그러면 30분 정도면 괜찮은데 언제가 좋을까?" 또는 "꼭 이야기하고 싶은 것이 있으니까 부탁하네"라는 방법을 쓴다면 틀림없이 상대방의 좋은 반응을 얻게 될 것이다.

여기에서 한발 더 나간 코칭 문장을 살펴보자.

- "자네에게 기대를 하고 있다네. 그러니 여러 이야기를 꼭 나누어보고 싶네. 괜찮지?"
- "오늘은 심한 의견을 이야기할지도 몰라. 괜찮겠나? 물론 자네도 의견을 거리낌없이 자유롭게 이야기해 주게."
- "오늘은 진심을 말할 거라네. 따라서 말을 가로막는 경우가 생길지도 몰라. 미안하네."
- "이야기하는 동안 말하고 싶지 않은 내용이 나올지도 모르겠네. 말할 수 있는 범위에서 무엇이든 말해주면 좋겠네."
- "어려운 질문을 많이 할지도 모르지만, 생각하는 것만으로도 의미가 있으니 같이 생각해 보지 않겠나?"
- "오늘은 꼭 자네의 의견과 진심을 듣고 싶네. 서로 마음을 터놓고 이야기해 보세."

무엇보다도 상대방을 존중하고 있으며 억지로 하는 것이 아니라는 의사표시를 분명히 하는 것이 중요하다.

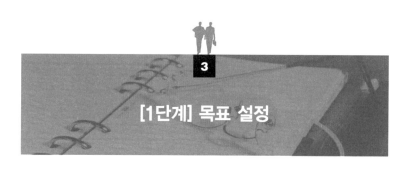

# [1단계] 목표 설정

## 질책할수록 의욕이 떨어지는 부하들

|통신 관련 대기업 영업과장의 딜레마|

대기업 통신회사에 근무하는 A씨는 통신시스템의 솔루션을 판매하는 영업부 과장이다. 지금까지는 거의 독점상태에 있던 최대 기업이라는 점 때문에 느슨하게 일해도 별 문제가 없었다. 그렇지만 몇 년 사이에 IT 기술이 변화함에 따라 신규 참여하는 회사가 급증하여 어려운 상황에 처하게 되었다.

상사로부터 '숫자를 올릴 것'을 엄하게 요구받게 된 A씨는 "어쨌든 열심히 해." "무조건 매출을 늘려"라고 부하직원들에게 계속 경고와 질책을 보냈다. 그렇지만 경고와 질책을 하면 할수록 웬일인지 부하직원들은 의욕을 점점 잃어가는 것처럼 보였다. A씨는 이런 일로 고민하고 있다.

오프닝 다음 단계는 목표 설정이다. 이 단계에서는 코칭으로 달성하려는 목표를 설정한다.

목표 설정이라고 해서 거창하게 생각하지 않아도 된다. '영업 실적을 30퍼센트 높이자' '일의 효율성을 높이자'와 같은 구체적인 목표 또는 그런 목표가 없다면 이야기의 테마를 설정하는 것도 좋은 방법이다.

목표 설정이 정확하고 명확할수록 목표 달성을 향해 순조롭게 나아갈 수 있으며 이루었을 때의 효과도 크다. 그리고 목표를 설정하는 동안에 현재 안고 있는 문제의 답을 발견하는 경우도 있다.

앞의 사례가 보여주듯이 "어찌되었든 성적을 올려라"처럼 한 가지 점만 강조하면 상대방은 다음과 같은 심리 상태에 빠진다.

- "구체적으로 어떻게 하면 좋을지 모르겠다."
- "위압감을 느낀다."
- "나는 생각해 주지 않고 자신만을 위해서 말하고 있을 뿐이다."

역효과만 생기므로 3개의 포인트에서 효과적인 목표 설정을 해나가도록 하자.

# 1. 문제점의 명확화

보통의 대화에서는 문제점이 무엇인지 명확히 하지 않은 채 이야기를 시작하는 경우가 많다. 예를 들어 "오늘의 프리젠테이션에서 고객의 반응이 별로였던 것 같은데. 어찌된 일인가?"와 같은 막연한 질문을 하면 상대방은 대답하기 어렵다.

"예, 그렇습니다" "예, 뭐라 말씀드려야 할지…"라는 식의 대답이 돌아온다. 이렇게 대답하는 부하직원에게 "그렇게 말해서는 알수가 없잖은가. 어찌된 일이야?"라는 흐름으로 이어지면 효과적인 대화와는 점점 거리가 멀어진다.

그러면 다음과 같은 대화는 어떨까?

- "오늘 프리젠테이션에서 고객의 반응이 별로였던 것 같은데, 자네는 어떻게 생각하나?"
- "기대에 미치지 못했습니다."
- "기대에 미치지 못한 원인으로 생각나는 것이 있는가?"

대답이 없는 경우에는 다음과 같이 접근해 본다.

- "자, 준비 단계부터 살펴보도록 하지."
- "시간이 별로 없었습니다."
- "어느 정도 부족했나?"
- "하루 정도 시간이 더 있었으면 좋았을 겁니다."

• "시간이 없었다는 것 때문에 어떤 점이 충분하지 않았는가?"

이처럼 문제점이 명확해지는 방향으로 대화는 진전된다. 문제점을 명확히 한다는 것이 문제점을 파내려가는 것이라고 말할 수도 있다. 문제점을 구체적으로 파악할 수 있기 때문이다. 기대에 못 미쳤다 → 준비 부족 → 시간 부족 → 시간 부족 때문에 생긴 충분하지 못한 점 → 그럼 어느 정도 시간이 더 있었으면 가능했을까? → 그러면 어떤 좋은 점이? …이처럼 점점 문제점이 구체적으로 드러난다.

당연히 문제가 구체적일수록 해결책을 찾기도 쉽다. 코칭뿐만 아니라 조언과 티칭도 하기 쉽다. 문제점이 금방 해결되지 않을지라도, 정리가 되는 것만으로도 마음은 가벼워지므로 다음 단계로 나아가기 쉽다. 잘못된 패턴에서는 문제점을 명확히 하지 않기 때문에 '어떻게 할까? 어떻게 하면 좋을까?' 하며 제자리걸음을 하게 된다. 예를 들면 "그렇군. 그래서?" "예를 들면?" "구체적으로 말하자면 어떤 점이?" "그것에 관해 좀더 구체적으로 말해주겠는가?"라는 식으로 상대 스스로 이야기를 파고들 수 있게 도와준다.

5W 1H를 활용하여, "언제부터 힘들어하게 되었나?" "인간관계에 관한 문제는 어떤가?" "누군가와의 관계가 나쁜 영향을 미치고 있는가?"라는 식으로 문제점을 구체적으로 분리시키고 분석해 나간다.

여기에 덧붙여 '브레인스토밍 ─ 좁혀가기'라는 방법을 사용해 보자.

- "생각나는 대로 좋으니 되도록이면 아이디어를 많이 내보게."
- "우선 전부 도출해 볼까?"
- "직감으로도 좋으니까."
- "아무리 시시한 것이라도 괜찮으니까."

이러한 코칭 대화로 상대의 생각과 답을 끌어낸다. 그렇게 하면 이야기하고 있는 동안 의외의 답이 나오는 경우도 많이 있다.

많은 답을 끌어낸 후에는 "그러면 지금 낸 것들을 3가지로 정리해 볼까?" "5개 정도로 정리할 수 없을까?"라는 식으로 좁혀나간다.

좁혀나가는 숫자는 3개도 좋고 5개도 괜찮다. 3개라고 하는 순간 상대의 머리 속이 정리된다. 즉 카테고리화되어 정리되어 가는 것이다. 그런 다음 우선순위를 물어보면 정리하는 시점에서 명확해지는 효과가 있다.

여기에 상급의 테크닉을 써보라. 5개라고 한 후에 "그것을 3개로 할 수 없을까?" 나아가 "그것들 가운데 가장 중요한 것 하나를 고른다면?"이라고 물어나간다. 3개에서 1개로 좁혀나갈 때에도 "실행 가능성에서 보면…" "자신이 마음에 드는 정도로 본다면…" 정도로 질문을 덧붙여나간다면 훨씬 더 효과적이다.

어렵게 생각하지 말고 일단 한 단계 더 깊게 들어가보자. 한 가지 문제점이 나왔다면 되도록이면 깊게 들어가자. 깊게 해서 구체적으로 하자. 그렇게 해서 깊게 파악되었다면 코칭 테크닉이 없어도 코칭은 가능해진다.

## 2. 가능성의 확대

가능성의 확대에는 '스트레치 골'이라는 이름이 붙어있는 경우도 있다. 마이너스로부터 0이 아니라 0으로부터 플러스라는 이미지를 말한다. 문제 해결이라기보다는 높은 목표를 설정하는 것으로 더욱 높은 레벨로 상대를 끌어올리려는 경우이다. "이 정도하면 충분하다." "어차피 이 정도밖에 할 수 없어"라고 우리는 자신 스스로 한계를 설정해 버리는 버릇이 있기 때문에 이러한 한계를 스트레치, 즉 끌어당겨서 확대해 주는 것이다.

이런 경우에는 목표를 강요하기 쉽다. "자네는 더 할 수 있다." "지금의 배는 팔 수 있다"라는 말은 좋고 나쁨을 떠나서 적어도 코칭 대화에서는 쓰지 말아야 한다.

중요한 것은 어디까지나 '나는 더 할 수 있다. 나는 더 큰 가능성이 있다'라고 상대 스스로가 느끼는 것이다. 목표를 강요당하면 대개 사람들은 하고 싶어하지 않는다.

예를 들면 '제약을 제거한다'는 방법이 있다. 시간의 제약, 비용의 제약, 인적자원의 제약, 기술의 제약 등 스스로 한계를 설정해 버리기 쉬운 제약을 제거해서 생각하게 하는 것이다.

- "우선 ~는 잊어버리고 자유롭게 생각해 볼까?"
- "시간의 제약을 생각하지 않는다면 어떻게 완성할 수 있을까?"
- "비용의 제약을 생각하지 않는다면 어떤 것을 만들고 싶은가?"
- "몇 명이라도 사람을 쓸 수 있다면 1주일에 가능한가?"

- "만약 자신에게 ~기술이 있다면?"

그런 다음 "그 제약은 정말로 제약인가?"라는 이야기를 한다.

- "1개월 연장하는 것이 무리라면, 1주일 연장하면 가능할까?"
- "20퍼센트 노력을 늘린다면 그 제약만큼 만회할 수 있지 않을까?"
- "그것은 정말로 그 기술이 없으면 전혀 할 수 없는 일인가?"

가능성의 확대에는 주관적인 것과 객관적인 것이 있다는 사실을 기억해 두자. 객관적인 것은 매출을 두 배로 늘린다는 것처럼 구체적으로 숫자로 표시할 수 있는 목표이다.

주관적인 것은 이상이나 열정과 같은 숫자로는 표시할 수 없는 목표이다. "좀더 활기차게 일한다." "일에 대해 열정적이 된다." "이상적인 비즈니스맨에 근접한다"는 부분으로, 상대의 가능성을 확대할 수 있게 된다.


## 3. 대결

코칭을 응석을 받아주는 것 또는 감싸주는 정도로 대화하는 것이라고 큰 오해를 하는 경우가 있다. 그렇지만 상대가 문제를 전혀 파악하지 못하고 있거나 아무래도 코칭을 하는 쪽이 힘을 쓰지 않으면 안 되는 경우에, 코치는 상대를 불쾌하게 만들 가능성이 있더라도 두려워하지 않고 부딪힌다. 상대의 이야기를 가로막는 경우에도 "잠깐만요"라고 아무렇지 않게 말한다. 그러나 절대로 개입해야 한다고 생각할 때에는 개입해야 한다.

메이저리그의 유명한 감독도 자신감을 키우려면 비난이라는 수단도 활용하라고 말하고 있는 것*처럼, 특히 스포츠 코칭의 세계에서는 정말 필요하다고 생각하면 비난조차 한다.

도전적 감정 이입**이라는 말도 있다. 이는 "상대를 진심으로 생각한다면 일부러 도전하고 불쾌한 것도 시키지 않으면 안 된다"는 거친 형태의 감정 이입이다.

---

■ "지나치게 비난하면 자신감 상실을 초래한다. 반면 비난을 지나치게 하지 않으면 선수의 발전과 활약을 방해한다. 따라서 비난이라는 수단을 사용할 때에는 균형을 잘 맞춰야 한다. 이는 야구뿐만 아니라 비즈니스 세계에서도 마찬가지이다. 어떤 조직이든 비난이라는 행위가 효과적인 수단이 되는 것은 명확하다. 하지만 그러기 위해서는 현명하게 활용해야 한다."

—「코칭의 사고기술」「2장 메이저리거 류의 코칭」에서

■ ■ "이를 거친 형태의 공감, 즉 '터프 엠퍼시'라고 부른다. 터프 엠퍼시는 부하직원이 원하는 전부가 아니라 그들이 정말로 필요한 것만을 준다는 정도의 의미로 이해하면 된다." "터프 엠퍼시에 관해… 그것을 가장 잘 활용할 수 있는 사람은 무언가를 마음에서부터 염려하고 있는 사람이다. 사람은 무언가에 깊은 관심을 가질 때 그대로의 자신을 드러낸다. 솔직한 자신을 전하는 것이 리더십의 대전제이다.

—「코칭의 사고기술」「5장 공감의 리더십으로 부하의 힘을 끌어낸다」에서

코칭에서는 "너는 ~이 아주 안 좋으니까 고쳐"라는 방식은 취하지 않는다. 어디까지나 상대방이 자신과 회사를 위해서도 좋지 않다는 사실을 스스로 깨닫게 하는 것이 중요하다.

- "이 상황을 그대로 두면 어떻게 될 거라고 생각하나?"
- "실행하지 않았을 때의 나쁜 점은 무엇일까?"
- "지금대로 해서 목표를 달성할 수 있을까?"
- "만약 달성할 수 있다면 자네의 가능성을 좁히는 것은 무엇인가?"

대결할 때 피드백하는 방법으로 갑자기 "이건 곤란해." "뭐야? 그 태도는." "왜 그런 방식으로 말을 했지?" "자네 너무 느슨한 거 아냐?" "이렇게 해서 잘될 리가 없잖은가?"라고 말하는 것은 좋지 않다.

이런 말보다는 "나는 이렇게 보았는데." "나는 이렇게 생각하는데"라는 한마디를 덧붙이는 것이 좋다. 어디까지나 자신의 주관으로 해석한 결과라는 것을 전달해야 상대가 받아들이기 쉽다.

대결을 하기 위해서는 평소부터 긍정적인 피드백을 해야 한다는 사실을 잊지 말아야 한다. 칭찬하고 강점과 좋은 점을 지적하는 훈련을 한다면 대결을 두려워할 필요는 없어질 것이다.

## 목표의 선언 · 확인

목표 설정이 되었다면 그 주제로 코칭을 깊이 있게 해나갈 것이라고 선언하고 확인한다.

- "그러면 ~이라는 것에 관해 더 이야기해 보자."
- "그러면 ~이라는 목표를 달성하기 위한 이야기로 더 나가볼까?"
- "지금까지 이런 목표를 세우는 것으로 대화가 잘 이루어진 것 같은데, 어떻게 생각하나?"
- "이 주제로 대화를 계속 하고 싶은데 괜찮은가?"

이런 식으로 대화를 진행하면 지금까지의 대화를 정리할 수 있을 뿐만 아니라 서로의 목표를 확실히 인식할 수 있다(그러나 이렇게 하지 않으면, 힘이 없는 대화가 되기 쉽고 이야기 자체가 어긋난다). 또한 상대 자신이 납득할 수 있는 목표 설정이 되고 있는지 확인할 수 있다는 장점도 있다.

소홀히 할 수도 있고 언뜻 보면 큰 의미가 없는 것처럼 생각될 수도 있지만, 선언과 확인의 한마디는 효과가 크다.

- "그렇군. 그래서?" "예를 들면?" "구체적으로 말하자면 어떤 점이?" "그것에 관해 좀더 구체적으로 말해주겠나?"라는 식으로 상대 스스로 이야기를 진전시킬 수 있도록 도와준다.

- '스트레치 목표'는 높은 목표를 설정하는 것이므로 더욱 높은 레벨로 상대를 끌어올리려는 경우에 사용한다.

- 중요한 것은 '어디까지나 나는 더 할 수 있다. 나는 더 큰 가능성이 있다'라고 상대 스스로가 느끼는 데 있다.

- 때로는 부하직원과의 대결도 필요하다. 대결을 하기 위해서는 평소부터 칭찬하고 강점과 좋은 점을 말해주는 긍정적인 피드백을 해야 한다.

# [2단계] 해결책 · 실행책의 검토

## 만만찮은 생명보험 주부사원들의 교육업무

B씨가 근무하는 생명보험 회사는 해마다 많은 보험영업 주부사원을 신규 채용한다. B씨는 자신의 업무 이외에 주부사원들의 교육 담당과 매니지먼트 담당으로서의 역할을 해야만 한다. 그런데 이 일이 만만찮다.

매년 어떤 문제가 발생하는데, 바로 대응하지 않으면 안 된다. 가르치고 또 가르쳐도 새로운 문제가 생긴다. 한 사람 몫을 제대로 해낼 만큼 키워내기 위해 해마다 엄청난 고생을 해야만 한다.

B씨처럼 일이 생길 때마다 상사가 답을 해주어야 하는 상황이라면 상사의 업무는 엄청나다. 특히 상대해야 할 부하직원이 많으면 많을수록 더 그렇다. 그 결과 한 사람 한 사람에 대한 대응의 질은 낮아지고, 반대로 지도에 대한 불만도 쉽게 생긴다.

코칭은 상대의 안에 있는 답을 끌어내고, 행동을 촉진시키는 것이다. 그리고 목표는 그 결과를 가지고 '스스로 답을 발견하고 스스로 행동할 수 있는' 인간을 육성하는 데 있다. 그렇게 하려면 어떤 문제를 해결하는 데 무엇이 필요한지 또 무엇을 어떻게 하면 좋은지를 상대 자신이 발견할 수 있도록 도와주어야 한다.

1단계에서 설정했던 목표를 달성하기 위한 답, 즉 해결책과 실행책을 상대로부터 끌어내는 것이 다음 단계이다.


## 1. 필요사항 정리

목표를 달성하는 데 필요한 것을 구체적으로 들어보고 정리한다. 예를 들어 "그러면 그 목표를 이루기 위해서는 무엇이 필요하다고 생각하는가?"라고 대략적으로 묻는 것뿐만 아니라 다음처럼 질문해도 좋다.

- "어떤 마음가짐을 가져야 할까?"
- "그것을 하는 데 필요한 기술은 무엇일까?"
- "시간·비용 면에서는 어떠한가?"

- "다른 사람으로부터 어떤 지원이 필요한가?"
- "무엇을 학습해야 하는가?"
- "어떤 사고방식과 패러다임을 가져야 하는가?"

이와 같이 질문함으로써 힌트를 주는 것도 효과적이다. 또한 다음과 같은 방식으로 정리를 도와주는 것도 괜찮다.

- "그 목표를 달성하기 위해서 필요하다고 생각되는 것을 되도록이면 많이 들어보자."

(논의한다)
- "그러면 필요도가 높은 순서대로 정리해 보자."
- "비슷한 것끼리 카테고리별로 정리해 볼까?"

## 2. 자원

자원이란 목표를 달성하기 위해 사용할 수 있는 것으로 3가지 포인트를 기억하면 많은 도움을 받을 것이다. 첫 번째는 과거의 성공체험이다. 코칭 문장으로 말하면 다음과 같다.

- "과거에 배운 것 중에 이번 문제에 활용할 수 있는 것은 무엇일까?"
- "과거에 비슷한 상황이 없었는가?"

- "과거에 어려웠던 상황은 없었는가? 그때 어떻게 극복했는가?"

이 방법은 꽤 효과가 있다. 비즈니스 상황뿐만 아니라 어린 시절 혹은 대학생 시절 등 상대방이 과거에 열심히 노력했던 일, 성공했던 일, 과거로부터 축적해 온 것들을 생각해 내도록 한다. 이런 코칭 문장을 쓰면 좋다.

- "과거와는 별로 관계없어 보일지도 모르지만 한번 살펴보지. 자네가 가지고 있는 자원이니까."

두 번째 자원은 의지할 수 있는 사람 또는 의지할 수 있는 물건이다. 인간은 어려운 일을 겪거나 문제가 생기면 점점 시야가 좁아진다. 자신은 혼자이고 의지할 수 있는 사람은 전혀 없다고 생각하는 것이다. 이럴 때 이런 식으로 질문해 보자.

- "이 문제에 정통한 사람은 누구일까?"
- "그것을 상세히 알고 있는 사람은 주위에 없을까?"
- "조금이라도 좋으니 협력해 줄 사람은 없을까?"

상대방은 "그래, 이 사람에게 물어보면 된다." "이 사람이라면 힌트를 줄 수 있을지도…"라고 생각하며 시야를 넓혀간다. 질문을 해도 상대방이 대답하지 못하면 다음과 같은 방식으로 도와주어라.

"예전 상사는 어때?" "고객 가운데 이야기를 들어줄 만한 사람은?" "가족은? 친구는?" 반드시 힌트와 조언해 줄 사람이 있다는 것을 질문을 통해 생각할 수 있도록 도와준다. 사람이 아니라 의지할 만한 물건에 관한 것이라면 다음과 같은 질문을 한다.

- "참고가 될 만한 책이 있을까?"
- "어떤 책을 읽으면 힌트가 될까?"
- "이 기술을 익히기엔 어떤 강좌가 좋을까?"
- "인터넷에서 검색해 보면 어떨까?"

세 번째 자원은 그 사람이 갖고 있는 '강점'이다.

- "자네의 강점은 무엇인가?"
- "자신의 강점을 생각나는 대로 말해 보게."
(그것에 관해 이야기한다)
- "이 목표를 이루기 위해서는 그 가운데 어떤 강점을 어느 상황에서 활용해야 할까?"

강점이라는 말을 사용하지 않아도 "자신 있는 분야는? 자신 있는 것은? 다른 사람과 다른 점은? 자신 나름대로 연구하고 있는 것은?"과 같은 질문도 좋다.

어쨌든 자신이 갖고 있는 자원을 해결책으로 활용하는 것이 가장 좋은 지름길임을 주지시킨다.

## 3. 관점

쉽게 말해 '시점을 바꾸자'는 것이다. 답이 떠오르지 않을 때 생각을 하면 할수록 생각이 더 좁아져서 점점 더 답을 찾기 어려웠던 경험이 있을 것이다. 이런 경우에는 다음과 같은 질문을 던져 상대의 관점을 바꾸어준다.

- "만약 자네가 나라면 어떤 답을 하겠는가?"
- "만약 부장이라면 어떤 식으로 조언을 해주겠나? 사장이라면?"
- "10년 후의 자신이라면? 신입사원 때의 자네라면? 이상적인 자네라면?"
- "아내라면? 아이들이라면?"

다양한 관점을 설정해 보자. 세미나에서 이런 질문을 하면 반드시 세미나에 참석한 사람들 모두 어떤 답을 낸다. 예를 들어, 상사와의 의견 차이로 어려움을 겪고 있는 사람이 있었다. 이 사람에게 "3년 후의 자신이라면 지금의 자신에게 뭐라고 할 것 같습니까?"라고 질문했더니 금방 "지금은 공부하는 시기이므로 많은 것을 배우라고 말할 겁니다"라고 답을 했다. 다른 사람이 말하면 반발심을 느끼는 사람도 자신 스스로 생각해 낸 답이면 부드럽게 납득할 수 있다.

## 2단계의 힌트

### 작은 시도, 큰 변화

해결책을 생각할 때에는 지나치게 크게 생각하지 않는 것이 좋다. 작은 변화의 축적이 큰 변화를 가져온다는 사실을 깨닫게 하자. 아무리 작은 것이라도 큰 변화에 연결되어 있으므로 할 수 있는 것을 생각해 보는 것이 중요하다.

- × 좀더 적극적으로 행동한다.
- × 호감을 가지고 대한다.
- ○ 평소보다 10퍼센트 정도 더 많이 웃는다.
- ○ 아이컨택트를 2초 더 길게 해본다.

### 이성과 직감 양쪽을 다 사용한다

해결책을 생각할 때, 이성으로만 생각하면 답의 폭이 좁아진다. 따라서 직감도 활용해서 사용해야 한다. 그러면 폭이 크게 넓어질 것이다.

"이상적(理想的)으로 세일즈하고 있는 자신의 이미지를 떠올려보세요. 평소와 어떻게 다른가요? 그렇게 하기 위해서는 늘 하던 방식에서 어떤 부분을 플러스하면 좋을까요?"

Can't(할 수 없다)와 Won't(하지 않는다)

실행책을 생각하는 프로세스에서도 곧바로 '할 수 없다'라는 답이 돌아오는 경우도 있다. 그렇지만 정말로 무리인지 아니면 단지 하지 않는 것인지 또는 하기 싫은 것은 아닌지를 명확히 해가면 의외로 할 수 없는 상황이 아닌 경우도 있다. 실제 문제는 Won't의 경우가 많다.

**Point**

- 코칭의 목적은 스스로 답을 발견하고 스스로 행동할 수 있는 인간을 육성하는 데 있다. 그렇게 하려면 어떤 문제에 대해 무엇이 필요한지 또 무엇을 어떻게 하면 좋은지를 상대 자신이 깨닫도록 도와주어야 한다.
- 설정한 목표를 달성하기 위해서 필요한 자원은 무엇인지 검토한다.
  ① 과거의 성공체험.
  ② 의지할 수 있는 사람, 의지할 수 있는 것.
  ③ 그 사람이 갖고 있는 강점. 자신이 갖고 있는 자원을 해결책으로 사용하는 것이 가장 좋은 지름길이다.
- 답이 생각나지 않을 경우에는 "만약 당신이 나라면?" "만약 부장이라면 어떤 식으로 조언할 것인가?" "10년 후의 자신이라면?" 등과 같은 질문을 하여 상대의 관점을 바꾸도록 한다.

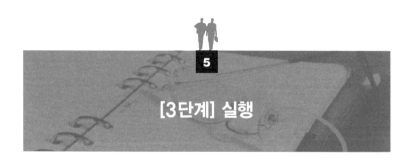

# [3단계] 실행

## 최소한의 필요한 일만 하는 직원

소프트웨어 회사에 근무하고 있는 C씨는 '좀처럼 움직이지 않는' 부하직원 때문에 어려움을 겪고 있다. 최소한의 필요한 일만 하고 있어서 큰 문제를 일으키고 있지는 않지만 새로운 기획이나 아이디어를 좀더 적극적으로 내주었으면 하고 C씨는 바라고 있다.

　C씨는 명령하거나 강제하는 것을 좋아하지 않는다. 그래서 부하직원에게 부드럽게 대하면서 행동할 것을 촉구하고 있다. 그러나 상대는 언제까지 기다려도 행동하지 않는다.

제2장에서 살펴본 것처럼 코칭에서는 상대방이 실제로 행동에 옮겼는지를 매우 중요하게 여긴다.

행동을 생각하는 단계에서 실제로 행동을 옮기는 단계로 잘 연결시키자. 그래서 확실한 실행으로 결과를 맺도록 하자. 보통의 대화에서는 "그럼, 부탁하네." "잘 해보게" 정도로 이야기를 마무리하지만 의외로 이 부분이 충분하지 않은 경우가 많다.


## 1. 계획의 확인

실제로 상대방이 어떤 행동을 어떻게 실행하는지 구체적으로 확인한다.

- "내일부터 1주일 이내에 OO 씨에게 전화를 한 번 한다고 했네."

구체적으로 물어보는 것이 중요하다. '내일은~' 정도로는 약하다. '내일 몇 시'처럼 구체적으로 확인해 두어야 한다.

계획을 서로 확인하고 함께 인식해 두는 것이 중요하다. 그렇게 하지 않으면 실행하지 않았을 때 다음 단계에서 인식하는 데 차이가 생긴다. 확인한 것을 종이에 써두는 방법이 가장 효과적이다. 그것도 상대가 쓰도록 하는 것이 좋다.

## 2. 실행 약속

상대방이 실행하겠다는 약속을 받고 그 계획에 열의와 관심을 강하게 갖게 한다. "예. 하겠습니다." "예. 맞습니다"라고 말하는 것이 의미 없어 보일 수도 있지만 그 한마디를 하면 심리적인 효과도 크게 달라진다. 상대방은 자신이 말한 것을 스스로 피드백하고 자신은 확실히 약속했다는 것이 강하게 기억에 남는다.

실행 약속을 받을 때 중요한 것은 Will과 Try의 차이를 아는 것이다. "예. 노력하겠습니다." "~ 할 예정입니다." "노력할 작정입니다"라는 Try 형의 실행 약속을 했어도 "하려고 했는데 못했습니다"라는 변명이 돌아오는 경우가 있다. "하겠습니다"와 같은 Will 형의 실행 약속을 반드시 받도록 하자.


## 3. 요청

코치가 상대방에게 계획을 실행하도록 요청할 때 거기에 덧붙여서 상대에게 바라는 것이 있다면 같이 요청한다.

• "그러면 이번 주에는 그 3개의 계획을 실행에 옮겨주십시오. 그리고 다음주 수요일에는 중간경과를 보고해 주십시오."

간단히 말하면 다시 한 번 말해두고, 다짐을 받아두는 것이다.

'확인한다 → 실행 약속을 받는다 → 다짐을 받는다'는 흐름이 되면 상대방은 '이번에는 회피할 수 없겠구나.' 또는 '이것을 하지 않으면 안 되겠구나.' '좀더 진지해져야겠구나'처럼 생각한다. 그것이 바로 인간의 심리이다.


## 4. 재검토

"하겠습니까?"라고 확인할 때 상대방이 머뭇거리는 경우가 있다. 그럴 때 "하겠다고 말하기 어려운 이유는 무엇입니까?" "아직 마음이 내키지 않는 점이 있는 것 같군요"라고 말해서 그 전 단계(1단계 또는 2단계)로 돌아가는 것이 재검토이다.

이 단계에서는 100퍼센트 할 수 있는 상황과 하겠다는 의지를 만들어야 하므로, 귀찮더라도 "한 번 더 이야기 해보죠"라는 끈질김이 필요하다. "그러니까 하라고 말했잖아." "무슨 약한 소리를 하는 거야" 등과 같은 성급한 표현은 좋지 않다.


## 3단계의 힌트

지원

지원을 하고 지원 체제를 확인하는 것은 실제 비즈니스에서는 매우 좋은 방법이다.

× 지원을 전혀 하지 않는다.

× "그럼, 할 수 있지? 확실히 해."

△ "지원이 필요하나?" ('필요한가?'라고 닫힌 질문을 받으면 '예'라고 답하기 힘들다)

○ "그것을 확실히 실행에 옮기기 위해서 내가 어떤 식으로 지원할 수 있을까?"

○ "내가 아니더라도 누군가 자네를 지원해 줄 만한 좋은 사람은 없는가?"

### Point

- 코칭에서는 실제로 상대가 어떤 행동을 어떤 식으로 실행하는지 구체적으로 물어보는 것이 중요하다. 확인한 계획을 종이에, 그것도 상대방이 쓰도록 하는 것이 효과적이다.

- 상대방의 계획 실행을 약속받는다. 계획에 실행 약속을 받을 때에는 "하겠습니다"라는 Will 형의 약속을 받는다.

- 실행 약속을 받았다면 다짐을 받아둔다. 그렇게 하면 상대방은 '도망갈 수 없겠구나 또는 하지 않으면 안 되겠구나'라고 생각한다.

- "하겠습니까?"라고 확인할 때 상대방이 머뭇거리는 경우에는 한 번 더 그 전 단계로 돌아가서 재검토한다. 그때 "그러니까 하라고 말했잖아." "무슨 약한 소리하는 거야"와 같은 성급한 표현을 해서는 안 된다.

**6**

# [4단계] 피드백

## 질책은 최악의 피드백

D씨의 부하직원들은 D씨 밑에서 일하는 것을 싫어한다. 왜냐하면 일의 동기를 크게 잃고 있기 때문이다. "부하직원들은 일이니까, 당연히 해야지." "상사가 이야기하는 것이니까 당연히 들어야지"라는 D씨의 노골적인 자세가 싫다.

성과를 올려도 전혀 피드백이 없다. 그러나 실수를 하면 반드시 '질책'이라는 피드백이 있다. "최소한의 필요한 것만 하면 돼"라는 생각을 하게 만들어버리는 것이다.

상대방이 어떤 행동을 했을 경우, 그 행동이 아무리 사소한 것일지라도 확실하게 피드백하는 것이 중요하다. 그 피드백에 의해 상대방은 행동에 대한 동기를 부여받기 때문이다. 이 단계를 확실히 해서 코칭을 효과적으로 완료하는 동시에 다음으로 연결시키자.

## 1. 승인

상대방의 행동을 인정하는 것이다. 약속한 것이니까 당연하다거나 일이니까 당연한 것이라고 생각해서 승인을 소홀히 하지 말자. 승인해 주면 상대방은 자신을 인정해 주는 사람이 존재한다는 사실을 알게 된다.

승인에는 "~을 했습니다"라고 들으면 "~을 했군요"라고 반복하면서 구체적인 행동에 대해 피드백하는 승인과 긍정적인 피드백에 의한 승인이 있다. "좋군요, 재미있네요, 기쁘군요"와 같은 칭찬에 의한 것은 긍정적인 승인이다.

승인받는 상대는 쑥스럽기는 하지만 기분이 나쁘지는 않다. 승인은 일종의 조건 만들기이다. 실행하면 꼭 긍정적인 피드백이 있다는 도식이 생기면 다음에도 할 마음이 생긴다. 승인의 코칭 표현을 좀더 보도록 하자.

- "다음으로 연결되면 좋을 텐데."
- "1년 후가 기대되는군."

- "점점 더 좋아질 것 같아."
- "이대로 계속하면 좋을 것 같은데."

"~은 하지 않았군"처럼 하지 않은 부분을 승인하는 것도 중요하다. 단지 "농담하는 거 아냐. 왜 하지 않았어?"라는 식으로 질책하는 투가 아니라 냉정하게 "하지 않았군요"라고 말해주면 좋다. 그렇게 하는 편이 오히려 마음에 확 와닿는 경우가 많다.

- "행동으로 옮기지 않은 가장 큰 이유는 무엇인가?"
- "다음에는 꼭 행동으로 옮기기 위해서는 어떤 것이 필요할까?"

이와 같은 방식으로 다시 1단계로 돌아가 다음에는 확실히 실행할 수 있도록 유도해 보자.

## 2. 성과의 확인

승인보다 더 중요한 것이 성과의 확인이다. 그것을 실행해 보니 어떤 일이 일어났는가? 어떤 체험을 했는가? 어떤 자신이 될 수 있었는가? 이런 질문도 구체적이고 작게 나누어서 하는 것이 효과적이다.

- "어떤 기술을 익혔는가?"

- "구체적인 숫자로 연결된 부분이 있는가?"
- "그것을 해보니 어떤 기분이 들었나?"
- "상대의 반응은 어땠나?"
- "예상하지 못했던 결과로는 어떤 것이 있었는가?"
- "앞으로 연결될 것으로 보이는 부분은?"

상대방의 마음속에는 '했다'라는 막연한 기쁨이 있지만 구체적으로 확인하면 정리가 될 뿐만 아니라 기쁨도 커져서 다음에도 해보겠다는 마음이 생긴다. 다시 말해 선순환(善循環)이 생기는 것이다.

결과가 그다지 좋지 않은 경우도 있고 효과를 실감하지 못하는 경우도 있다. 그럴 때에는 다음과 같이 대화를 진행해 앞의 단계로 돌아간다.

- "성과가 아주 높았을 때를 100, 전혀 없었을 때를 0으로 한다면 몇 점 정도 줄 수 있는가?"
- "50점입니다."
- "그 50점의 성과는 무엇인가? 마이너스의 부분은? 50점의 성과가 나오지 않은 이유는 무엇인가? 그것을 커버한다면 다음 주까지 어떤 것을 할 수 있겠는가?"

잘되지 않았을 때야말로 코칭 대화가 효과를 발휘한다는 사실을 명심하자. 단지 느끼기 힘든 성과, 즉 한 번 보아서는 알 수 없는 성과도 많으므로 성과의 확인은 집요할 정도로 해도 좋다. 또한 비즈니스에서는 "1주일 안에 하겠습니다"라고 했어도 생각나면 "그 전에 이야기한것은 몇 퍼센트 정도 진행되고 있는가?"라는 느낌으로 확인을 구하면 된다.

- 상대방의 행동이 아무리 작은 것일지라도 확실하게 피드백하는 것이 중요하다. 그 피드백에 의해 상대방은 계속적인 행동에 대한 동기를 부여받기 때문이다.
- 승인은 상대의 행동을 인정하는 것이다. "약속한 것이니까 당연한 것이다." 또는 "일이니까 당연하다"라고 생각해서 승인을 소홀히 하지 않도록 하자. 또한 상대방이 하지 않았다는 것을 승인하는 것도 중요하다.
- 성과의 확인은 승인보다 더 중요하다. 상대의 마음속에는 '했다'라는 막연한 기쁨이 있지만 구체적으로 확인하면 정리가 될 뿐만 아니라 기쁨도 커져서 다음에도 해보겠다는 선순환이 생긴다.

# 코칭·카운슬링·컨설팅의 차이점
_대상, 목적, 답의 소재 측면에서 생각한다

코칭은 카운슬링과 컨설팅에 자주 비교된다. 실제로 어떻게 다른지 의문도 들 것이다. 카운슬링이라고 해도 기법과 유파(流派)에 따라 그 내용이 크게 달라진다. 물론 코칭과 컨설팅에도 적용되지만, 여기에서는 일반적으로 본 3가지 차이점에 대해 생각해 보자.

### 1. 대상이 다르다

첫째, 대상과 영역의 차이를 들 수 있다. 카운슬링은 주로 개인을 대상으로 하며 컨설팅은 주로 조직을 대상으로 한다.

카운슬링에서도 가족을 하나의 조직으로 생각하고 가족 전체를 대상으로 하는 경우도 있지만 가족 이상의 큰 조직, 특히 기업 조직 전체를 다루는 경우는 거의 없다. 따라서 카운슬링은 개인적인 면을 컨설팅은 전체적·공공적인 면을 대상으로 하는 것이 보통이다.

한편, 코칭에서는 카운슬링과 컨설팅의 양쪽 대상을 모두 다룬다. '퍼스널 코칭'과 '비즈니스 코칭'으로 나누는 경우가 있지만, 전자는 카운슬링과 같은 대상(그러나 정신적으로 어려움을 겪는 경우라고 확실히 인정되는 경우는 별도로 한다)을, 후자는 컨설팅과 같은 대상을 다룬다. 더욱이 비즈니스 코칭에서는 경력 개발과 기술 습득 등 개인을 대상으로 하는 경우와 생산성과 수익의 향상 등 조직 전체를 대상으로 하는 경우가 있다.

### 2. 목적이 다르다

둘째, 목적의 차이를 들 수 있다. 카운슬링의 목적은 개인의 '심리적 안녕'에 있고, 컨설팅의 목적은 조직의 업적 향상에 있다. 세분화하면 수많은 목적이 있을 수 있겠지만 대부분 이것으로 집약될 수 있다.

극단적으로 이야기하자면, 양자택일을 해야 하는 상황이 되었을 때 카운슬링은 개인의 사회적·비즈니스적인 측면을 다소 희생해서라도 심리적 안녕을 향상시키는 방법을 선택할 것이고,

컨설팅에서는 그 반대일 것이다. 물론 실제로는 양자택일이 아니라 어느 쪽에 큰 비중을 둘 것인가 하는 문제이다.

코칭은 그 중간이며 심리적 안녕을 기반에 두면서(퍼스널 파운데이션이라고 표현하는 경우도 있다) 사회면과 비즈니스의 향상을 목적으로 한다. 카운슬링과 컨설팅 양자의 목적에 똑같이 중점을 두는 것이다.

### 3. 답의 소재가 다르다

세 번째로는 답의 소재를 어디에서 어떻게 찾느냐이다. 카운슬링과 컨설팅의 경우 카운슬러와 컨설턴트는 답을 갖고 있다. 물론 고객으로부터 이야기를 끌어내는 것에는 차이가 없지만 최종적으로는 전문 지식을 가진 카운슬러와 컨설턴트가 조언해 주거나 계획을 작성한다. 뿐만 아니라 조언을 해주고 계획을 세울 때 고객이 놓인 상황과 고객이 안고 있는 문제의 원인을 분석하는 전제를 세울 것이다.

카운슬러와 컨설턴트는 고객을 '이끄는' 입장이다. 한편 코칭에서 코치는 상대의 안에 있는 답을 '끌어내는' 역할을 철저히 한다. 그때 전문지식을 동원해서 분석하거나 조언해 주지 않는다.

### 3가지를 조합하는 법

코칭 · 카운슬링 · 컨설팅 중 어느 한 쪽이 가장 좋다고 말할 수는 없다. 각각 장점도 있고 단점도 있으므로 목적과 상황에 따라 달리 써야 한다. 예를 들면 컨설팅으로 얻은 전문적인 답을 지시와 명령이 아니라 자발적 행동으로 실행에 옮기게 하는 데는 코칭이 도움을 줄 것이다.

코칭으로 끌어낸 자신의 답과 컨설턴트에게서 나온 답을 비교해서 양쪽의 좋은 부분을 취합하는 것도 가능하다. 또한 심리적으로 어려움을 겪고 있어서 코칭이 적합하지 않는 사람에게는 먼저 카운슬링으로 회복시킨 뒤 코칭을 활용하는 것이 좋다.

당연한 말이지만, 코칭을 유일무이의 수단으로 생각하지 않고 유연하게 활용하는 자세를 갖춰야 코칭을 더욱 유효하게 활용할 수 있다.

The Column 3

제4장

# 타입별 코칭 활용법

코칭은 상대가 주체이다.

상대가 적극적이지 않은 경우, 불평·불만만 늘어놓는 경우,

반항적인 경우 등 각 타입별 코칭 활용법에 대해 살펴보자.

# 상대를 처음부터 틀에 맞추지 않는다

## 백지상태에서 상대와 마주한다

이 장에서는 상대방 때문에 코칭이 잘 이루어지지 않을 경우에 어떻게 대응하면 좋은지 살펴볼 것이다. 흔히 상대방을 타입별로 분류하는 방법이 쓰이기도 하지만 사실 인간을 그렇게 간단하게 몇 개의 타입으로 나누기란 쉽지 않다. 그리고 어떤 타입이라고 틀을 만들어버리는 위험성도 존재한다.

예를 들어 '이 사람은 이런 사람이다'라고 생각했어도 자신의 코칭 기술이 아직 부족하기 때문에 상대방이 그런 반응을 보였을지도 모르고 흥미 있는 화제였기 때문에 그런 반응을 했을지도 모른다.

다른 식으로 코칭을 했다면 다른 부분을 끌어낼 수 있을지도 모른다는 의식을 갖는 것이 중요하다.

그 사람의 근본 부분 또는 그 사람 자신이 알지 못하는 부분을 본인 스스로 깨닫게 하려면 상당한 코칭 과정을 거쳐야 한다. 이 사람은 반항적인 타입이고 저 사람은 능동적인 타입이라는 방식으로 타입을 나누어 코칭한다면 결국 본말이 전도되고 만다. 그렇게 나누는 것이 편하기도 하지만 함정에 빠지기 쉽다. 그러므로 지금부터 설명할 타입별 대응법은 하나의 힌트에 불과하다. 결국 코칭에는 여러 가지 방법이 있고 그 여러 방법 가운데 하나를 소개하는 것이라고 이해하면 된다.

코칭을 할 때에는 이 책을 읽고 여러 가지 시험을 해보고 그래도 도저히 잘 되지 않는다고 느끼기 전까지는 처음부터 상대를 어떤 타입이라고 임의대로 미리 결정해서는 안 된다.

'자기 달성적 예언(자성 예언)'이라는 말이 있다. 예를 들어, 상대가 반항적인 인간이라고 마음속으로 결정해 버리면, 상대가 솔직하게 자신의 느낌대로 답한 것뿐인데도 "어? 이것 봐. 역시 이 녀석은 건방지다"라는 식으로 해석해 버릴 수 있다.

또한 겁이 많은 상사라면 반항적인 부하직원이라고 미리 생각해 버린 다음에는 앞에서 다룬 '대결'을 할 수 없을 것이다.

코칭은 상대가 주체이기 때문에 자신의 생각과 자신이라는 틀을 먼저 떨쳐버리고 백지상태에서 상대를 마주하지 않으면 안 된다. 그런데 어떤 타입이라고 정해버리는 순간, 상대방을 자신의 틀에 가두게 되고 만다.

타입을 나누어서 틀을 만드는 것은 자신이 편하기 때문이다. 자신은 코치로서 미숙하다, 자신에게는 능력이 없을지도 모른다, 자신은 이런 성격이라는 것을 인정하면 자신이 힘들어진다. 특히 상사와 부하직원과의 관계라면 상사는 자신의 자존심 때문에 나쁜 부분은 부하직원의 탓으로 돌리기 쉽다.

### Point

코칭은 상대가 주체이기 때문에 자신의 생각, 자신이라는 틀을 우선 떨쳐버리고 백지상태에서 상대를 마주하지 않으면 안 된다. 처음부터 상대를 어떤 타입이라고 자의적으로 미리 결정해서는 안 된다.

# 상대가 적극적이지 않은 경우

## 상대방의 페이스를 인정하라

자신이 적극적이라고 생각하고 있는 사람 중에는 일의 성과가 높은 사람이 많다. 이런 사람들은 상대방이 나름대로의 페이스로 일을 하고 있어도 그다지 적극적이지 않다고 생각한다. 자신의 기준을 상대방에게 지나치게 적용하려는 것은 아닌지 먼저 돌아보자.

　객관적인 기준이 있는 것은 아니다. 자신의 기준에 상대방이 적극적이지 않다고 생각하게 되면, 행동을 해도 자신의 눈엔 항상 부족해 보이기 때문에 코칭의 효과가 없다고 생각해 버린다.

　이때 코치에게는 상대방의 페이스를 인정하는 것이 필요하다. 전혀 변하지 않는 것처럼 보여도 전혀 변하지 않은 사람은 없다. 코칭을 해도 전혀 어떤 영향도 받지 않는 사람은 없다.

아주 사소한 것일지라도 변한 것을 인정하고 피드백해 준다. 문턱이 높은 행동 계획이 아니라 문턱을 낮게 한 행동 계획을 함께 생각해 보자.

고객과 전화를 할 때에는 30초 더 길게 이야기를 해볼 수도 있고, 지금까지 2장이었던 기획서를 2.5장으로 작성해 봐도 좋다. 어떤 것이든 가능하다. 좀더 문턱을 낮춰야 한다면 큰소리로 인사하는 정도도 좋다.

힘차게 한 인사가 1주일에 한 번밖에 되지 않아도 "좋은 인사를 할 수 있게 되었군요"라고 피드백해 준다.

상대방은 자신이 행동으로 옮기면 '반드시 피드백이 되고 있구나.' 또는 '보고 있는 사람이 있구나'라고 생각하게 되어 점점 더 적극적으로 행동한다.

이상을 정리해 보면 다음과 같다.

> 상세한 목표 설정 → 문턱이 높지 않은 행동 계획 → 실행 → 확실한 피드백

코칭에서는 이 흐름에 따라 상대방의 동기를 서서히 높인다. 적극적이지 않은 상대, 동기가 낮은 상대에게 코칭은 불가능한 것이 아니라 좀더 주의를 기울이고 끊임없는 노력이 필요한 것뿐이다.

코치에게는 상대의 페이스를 인정하는 것이 필요하다. 아주 사소한 것일지라도 상대가 변한 것을 인정하고 피드백해 준다.

## 3
# 상대 안에 답이 있다고 생각하지 않는 경우

**티칭에 코칭을 조합시킨다**

상대 안에 답이 있을 거라고 생각되지 않는 경우에는 두 가지 대응책을 생각할 수 있다. 끈질기게 답을 끌어내려고 노력하는 것과 답을 준 후에 코칭 기술을 활용하는 방법이 그것이다.

　프로 코치는 상대 안에 반드시 답이 있다고 전제를 세운다. 따라서 답을 끌어낼 수 없다는 것은 어떤 의미에서는 자신이 나쁘다거나 자신의 책임이라는 식으로 생각한다. 자신의 질문 방법, 반응 방법, 대화 방법을 바꾸어나가면 반드시 답을 끌어낼 수 있다고 끈질기게 해나간다.

　실제의 비즈니스에서도 당신의 시간, 일의 스케줄 등을 고려하면서 끈질기게 답을 끌어내려는 의지를 갖기 바란다. 하지만 그럴 만한 시간적 여유가 없다거나 상대가 신입사원이기 때문에 또는 경험이 적기 때문에 정말로 답을 갖고 있지 않는 경우도 있다. 그런 경우에는 지금까지의 티칭에 코칭을 조합시켜 나가면 좋다.

보통은 티칭을 끝낸 후에 "그럼, 잘 부탁하네." "열심히 하게"로 끝나지만 코칭의 기술을 활용하면 다음과 같이 된다.

- "지금 내가 이야기한 것 가운데 중요한 포인트가 무엇이라고 생각하나?"
- "내가 이야기한 것 중에 특히 자신에게 중요하다고 생각되는 것을 들어보게."
- "이렇게 하면 돼. 어때? 할 수 있을 것 같아? 실행 가능성을 100으로 한다면 어느 정도나 가능할까? 80? 그럼 20이 모자란데 걱정되는 부분을 같이 얘기해 볼까?"

이런 식으로 코칭을 조합시켜 나가면 좋다. 단편적으로 "답이 없다 = 곧바로 티칭을 하지 않으면 안 된다." "답이 없다 = 코칭 같은 걸 할 상황이 아니다"라는 사고에 빠지는 것이 아니라 조합에 따른 효과를 기억하기 바란다.

- "자, 지금 배운 것에서 다음에 활용할 수 있는 것은 무엇일까? 이번에는 내가 가르쳐주었지만 다음에 자네 혼자서 하기 위해서는 무엇이 필요한가?"

이와 같은 질문을 덧붙여 나가면 티칭의 효과도 두 배가 될 것이
다.

시간적 여유가 없다거나 상대가 신입사원이기 때문에 또는 경험이 적기 때문
에 답을 갖고 있지 않는 경우에는 티칭에 코칭을 조합시켜서 사용한다.

## 4

# 상대가 푸념과 불평만 늘어놓는 경우

## 상대의 푸념 대응법

확실한 코칭을 해서 긍정적인 방향으로 행동을 하게 하려고 해도 푸념과 불평만을 계속 늘어놓는 사람이 있다. 코칭으로 자신이 품고 있는 모든 것을 말하게 되니 그 사람의 마음은 편해지겠지만 코칭은 행동에 연결되어야 하므로 쉽지 않은 부분이다. 그러면 푸념을 계속 늘어놓는 사람은 어떻게 대응하면 좋을까?

1. 관점을 바꾸게 한다.
2. 긍정적인 방법으로 이야기를 그만두게 한다.
3. 다른 말로 바꾸어나간다.

관점을 바꾸는 데는 앞에서 나온 방법이 필요하다. 예를 들어 "지금의 상황은 최악입니다"라고 말하면 "그렇군요"라고 답한 후, "자, 그러면 어떤 것이 최악입니까? 자신에게 가장 걸림돌이 되는 것은 무엇입니까?"라고 묻는다. 그런데 그에 앞서 관점을 바꾸어준다.

- "최악인 가운데서도 한 줄기 빛 같은 것은 없는가?"
- "최악이라는 것을 하나의 도전으로 생각해 보고 뭔가 할 수 있는 것은 없을까?"

이렇게 관점을 바꾸는 것으로 이야기의 방향성도 바꾸어준다.

두 번째 방법은 긍정적인 방법으로 이야기를 그만두게 하는 것이다. "푸념은 듣고 싶지 않아." "또 그 얘기야?" "이야기가 긴데"와 같은 식으로 이야기를 끝내버리면 반대로 이야기하고 싶은 기분이 더욱 강해져서 필요 이상 이야기가 길어지기도 하고 말에 꼬리가 붙기도 한다. 기분 좋게 이야기를 끝내는 비법은 긍정적인 방법으로 이야기를 그만두게 하는 것이다.

- "지금 나온 점을 정리해 보고 싶으니, 잠깐 숨을 돌려볼까?"
- "15분 정도 이야기를 계속하니 좀 혼란스러운데, 지금까지의 포인트를 정리해 볼까?"
- "그러면, 이 즈음에서 자네의 이야기를 간결하게 요약해 보

게."

- "자네의 불만을 3개 정도로 정리해 보게. 확실히 하는 것이 위에 보고 하기가 편하니까."

중요한 점을 요약하고 싶다거나 정리하고 싶다는 이유 또는 중요한 이야기이므로 상대방의 생각을 확실히 파악하고 싶다는 이유를 들어 상대의 이야기를 그만두게 하는 것이 방법이다. 그런 이야기를 들으면 기분이 나쁘지도 않을 뿐더러 이야기도 긍정적인 방향으로 진행된다.

세 번째는 전혀 다른 말로 바꾸는 것이다. 상대가 불만을 말할 때 "자네는 그런 불만을 갖고 있었는가?"라는 것보다는 "그것을 개선하고 싶다고 생각했는가?"라고 말을 바꾸어버리는 것이다. "개선한다." "문제와 씨름한다"는 말이 긍정적인 방향으로 말의 흐름을 바꾼다.

- "그것만 정리가 잘된다면 자네는 좀더 앞으로 나아갈 수 있다는 것이군."

또한 이런 식으로 어떤 의미에서 상대를 꼼짝 못하게 할 수도 있다.

- "자네가 좀더 나아지면 꼭 그것에 관해 같이 이야기해 보세"라

고 이야기하면 푸념을 말할 기회 자체도 줄어들 것이다.

푸념과 불평만 계속 늘어놓는 사람에게는 다음과 같은 테크닉이 유효하다.

① 관점을 바꾸게 한다.

② 긍정적인 방법으로 이야기를 그만두게 한다.

③ 다른 말로 바꾸어나간다.

# 말이 실행으로 연결되지 않는 경우

## 상대의 의지를 조심스럽게 확인한다

코칭은 열심히 하지만 실행으로 연결되지 않는 사람도 있다. 대응책은 3가지로 생각할 수 있다.

첫 번째는 코치가 실행에 잘 연결되지 않는 경우이다. 결국은 코칭 그 자체가 충분하지 않아서이다. 막연한 실행 계획을 세우거나 무리한 계획을 세울 경우 또는 상대방이 별로 실행 약속을 할 것 같지 않는 계획을 세울 경우에는 "꼭 해주십시오"라고 말해도 좀처럼 실행으로 연결되지 않는다. 계획을 여러 모로 연구하거나 상대가 정말로 그와 같은 것을 하고 싶은지 조심스럽게 확인하자.

두 번째는 제대로 된 행동 계획이 있는데, 행동하지 않는 경우이다. 이런 경우에 상대방은 가끔 변명을 한다. 변명할 경우에는 다음과 같이 접근한다.

- "그것이 정말 원인이 맞습니까?"
- "자신에게 변명하고 있는 부분은 없습니까?"

이때 중요한 점은 "당신이 한다고 하지 않았는가?"라고 상대를 질책하는 말투가 아니라 어디까지나 "당신이 말하고 당신이 한다고 하였습니다"라는 중립적인 자세로 물어가는 것이다. 또한 앞에서 살펴본 '대결'처럼 조금 엄한 말투로 해도 좋다.

- "계속할 수 없다고 말해서 얻을 수 있는 이득은 무엇인가?"
- "자신에게 변명할 수 없게 만들려면 무엇을 해야 한다고 생각하나?"

세 번째는 "예. 하겠습니다"라고 항상 말하는 경우이다. 다시 말해 모든 사람에게 좋은 인상만 주기를 바라는 경우이다. 이런 사람은 이야기의 장단을 잘 맞추기 때문에 코치로서는 편하다거나 코칭이 잘되었다고 생각하기 쉽다. 그러나 어떤 의미에서는 속는 것이다.

숙련된 코치라면 금방 알아차릴 수 있겠지만, 그렇지 못하더라도 어딘가 "장단만 맞추고 있는 것이 아닌가"라는 생각이 든다면, 좀더 강한 어조로 "진심입니까?" "정말로 할 수 있다고 생각하십니까?"

"그것을 이루고 싶은 강한 의지가 있습니까?"라고 말해보아도 좋다. "나는 진심이다. 장단을 맞추는 것만으로는 넘어갈 수 없다"라는 자세가 상대방에게 전해지도록 하자.

## Point

코칭을 해도 실행에 연결되지 않을 때에는 "당신이 말하고 당신이 한다고 하였습니다"라는 중립적인 자세로 상대의 의지와 의욕을 확인한다.

**6**

## 상대가 반항적인 경우

### 끌어내는 역할에 충실하면 OK

반항적인 사람에게는 코칭이 효과를 잘 발휘할 수 있다. 코칭은 원래 상대와 수평 또는 아래에서 위로 밀어올려가는 대화 스타일이므로 대화 자체를 코칭 스타일로 바꾸는 것만으로도 효과가 있다.

반항적인 사람은 결국 다른 사람으로부터 듣는 것을 싫어한다. 실무 경험이 풍부한 사람과 연배가 위인 부하직원 등도 여기에 포함된다. 이 경우에는 철저하게 상대에게 생각을 하게 하고 상대에게 답을 이야기하게 한다. 이쪽은 끌어내는 역할을 충실히 하면 된다.

- "그럼, 자네가 사장 또는 상사라면 어떤 식으로 해결하고 싶은 가?"

이렇게 이야기하는 것부터 시작하자.

- "틀림없이 주변 사람들도 그렇게 생각하고 있을 텐데, 자네가 모두에게 가르쳐줄 수 있는 것은 무엇인가?"

상대가 반항하고 있을 때에는 순서를 생각해 두면 좋다. 먼저 무엇에 반항하고 있는지 상대의 생각을 알아간다. 이에 대한 해결책을 상대에게 묻고 그 해결책을 상대가 실행하도록 만든다.

보통은 생각할 수 없는 상황이지만 최악의 경우 상대로부터 "당신에게서 그런 말을 들어야 할 이유는 없다"라거나 "말해도 소용없다고 생각합니다"와 같은 말을 듣는다면 어떤가?

- "아니, 소용없을지 몰라도 꼭 가르쳐주게."
- "비공식적인 대화로 하고 가르쳐주지 않겠나?"
- "소용없을지 몰라도 뭔가 할 수 있는 일이 있지 않을까?"

이런 식으로 조금씩 깊게 물어간다. "소용없어요"라는 말을 듣고 "뭐?"라고 반응해 버리면 상대는 더욱 반항적이 된다. 어떤 의미에서 상대가 원하는 대로 되는 것이다. 비즈니스를 위해서라고 생각하며 잠시 숨을 돌린 뒤 냉정하게 반응하자.

상대가 반항하고 있을 때에는 먼저 무엇에 반항하고 있는지 상대의 생각을
깊이 알아간다. 그리고나서 이에 대한 해결책을 상대에게 묻고 그 해결책을
상대가 실행하도록 만든다.

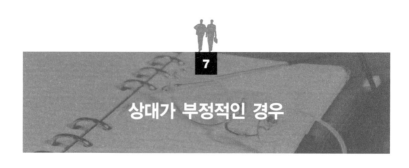

# 상대가 부정적인 경우

## 실패를 뜻하는 단어를 피한다

실패 또는 실수를 했거나 이런 이유로 상대가 기가 죽어 있는 경우
에도 코칭을 활용할 수 있다. 이러한 상태에 있는 상대에게 용기를
북돋아주기 위해서는 먼저 쉽게 '실수'나 '실패'라는 말을 쓰지 않
는다. 상당한 객관적인 사실이 있는 경우가 아니라면 실패라는 딱
지를 붙이지 않는다.

　예를 들어 "오늘도 또 고객에게 잘 이야기하질 못했어요"라고 말
을 하면 '실패'를 의미하는 단어는 피하는 것이 좋다.

　× "그래, 오늘도 실패했구나."

× "또 잘 안 되었구나."

○ "잘 안 된 것이 아닐까 하고 걱정하고 있나?"

○ "자네는 부족하다고 느낀 점이 있었군."

○ "뭔가 걸리는 부분이 있는 것 같군."

이런 식으로 말하는 방법을 바꾸어 피드백한다. 그렇게 하는 것만으로도 상대의 심리는 상당히 바뀐다. "그러면 마음에 걸리는 부분을 함께 검토해 볼까?"라고 말하면 코칭 대화가 시작된다.

객관적으로 실패했다고 인정되는 경우에는 이런 표현이 좋다.

• "이번 실패에서 얻은 교훈을 표어로 만들어볼까요?"

• "이번 실패의 키워드는 무엇일까요?"

심각하게 풀이 죽어 있는 경우에는 "다음에는 어떻게 할 수 있을까?"에 대해 철저하게 이야기를 나눈다. 실패에서 중요한 것은 그것에서 뭔가를 배울 수 있다는 데 있다. 뭔가를 조언해 주고 싶어도 "이렇게 하면 된다"라고 말하기보다 "이번 실패를 나중에 이런 식으로 활용할 수 있지 않을까?"라는 자세를 취하는 것이 좋다. 또 부정적인 상태에 있을 때에는 누군가가 이야기를 들어주는 것만으로도 마음이 편해지므로 코칭 대화를 의식하면서 상대의 기분과 진심을 계속해서 끌어내주면 좋을 것이다.

웬만하면 실패라는 말을 쓰지 않는다. 무엇보다 중요한 것은 실패에서 배우는 것이다.

# 코칭은 폭넓게 응용할 수 있다

코칭을 하는 상황에서는 상사(coach : 코치 역할을 하는 사람)와 부하직원(coachee : 코칭을 받는 사람)의 관계를 가장 떠올리기 쉽다. 그러나 코칭 기술의 용도를 상사가 부하직원을 훌륭한 인재로 육성하는 것에만 제한하면 안 된다.

### 코칭은 모든 상황에서 쓸 수 있는 기술이다

세일즈에서는 코칭 기술의 활용으로 고객의 마음속 깊은 곳에 감춰져 있는 니즈, 즉 본인도 몰랐던 니즈와 지금 결단을 내리지 못하는 원인을 명확히 밝힐 수도 있다. 코칭으로 진정한 의미에서의 고객 중심의 제안형 영업이 실현될 수 있는 것이다.

마찬가지로 협상에서도 '윈-윈'의 관계를 지향하는 협동 작업을 쉽게 할 수 있을 것이다. 코칭 대화는 일방적으로 자기 주장만 내세워 서로 부딪히는 것이 아니라 상대를 존중하면서도 코치가 생각하고 있는 방향으로 부드럽게 이끄는 대화 스타일이기 때문이다. 물론 잘 듣고 효과적인 질문을 던질수록 상대는 자신도 모르게 진심을 드러내게 되므로 '협상에서 이긴다'는 점에서도 무기로 사용할 수 있다.

　나아가 코칭의 커뮤니케이션 기술은 인간관계를 원활히 하는 효과도 있다. 지금까지의 지시 명령형 커뮤니케이션 스타일은 '위와 아래'라고 하는 관계를 전제로 하고 있고, 거기에는 공포까지는 아니더라도 강제에 기초를 둔 관계가 형성되어 버린다. 강제에 의해 사람을 움직일 수도 있지만 강제되어서 유쾌한 사람은 없다. 그 같은 분노와 불만이 억압되면 인간관계에서 문제의 불씨가 생기게 되는 것이다.

　어디까지나 수평형 또는 협동형을 기본으로 하는 코칭 커뮤니케이션 스타일은 그와 같은 지배와 강제에서 생기는 심리적 불만을 줄일 수 있다. 그러한 작은 대화 스타일의 차이가 쌓여서 부서와 사내의 분위기를 좋은 방향으로 바꾸어가는 것이다. 가르친다, 배운다, 움직인다, 움직여진다는 일방적인 관계가 아니라 코칭하는 쪽과 코칭받는 쪽의 쌍방이 같이 성장할 수 있는 장점을 내포하고 있다는 것은 주목할 만하다.

　코칭은 실천에서 효과를 발휘할 수 있는 기술이다. 인간의 심리와 행동패턴을 설명하는 데 코칭의 목적이 있지 않다. 머리에서 이해하고 끝내거나 제한된 상황에 한정하지 말고, 모든 장면과 상황에서 실천하고 시행착오를 거듭하면서 몸에 익히고 갈고 닦아서 코칭을 최대한 활용해 보자.

The Column 　　4

제 5 장

# 코칭에 관해 자주 하는 질문과 대답

ching

코칭에 관해 자주 하는 질문과 대답이 실려 있다.

소박한 질문에서 코칭을 부정하는 질문까지 다양하다. 언제 어디서라도 좋다.

우선 "그렇군"이라는 한마디부터 시작해 보자.

이 장에서는 세미나 등에서 자주 나오는 질문과 반응에 대한 나 나름의 대답을 다룰 것이다. 소박한 질문에서 코칭을 부정하는 질문까지 다양하다.

---

## Q1 기존의 리더십 스타일의 나쁜 점은 무엇인가? 부정할 정당한 이유는 없다.

## A1 부정이 아니라 지시 명령과 코칭을 다 쓰는 것이 바람직하다.

■ 두 개의 무기를 갖고 있다고 생각하자

코칭은 전통적인 상사와 리더십 스타일을 부정하는 듯한 인상을 준다. 그래서 '지시 명령형 리더 vs 코칭형 리더'라는 식이 성립하는 것처럼 보인다. 하지만 이는 오해이다. 오해라기보다는 "그런 생각을 하는 것은 안타까운 일이다"라고 말하는 편이 좋을 것이다. 지시 명령도 코칭도 다 쓸 수 있어야 하며 그러한 리더가 필요한 시대이다.

이러한 의견 또는 질문을 갖고 있는 사람들에게 리더는 '두 개의 무기를 갖고 있다'고 생각하도록 하자.

목적에 따라 코칭을 써야 하는 상대도 있고 티칭을 써야 하는 상대도 있다. 중요한 것은 나누어 쓰는 데 있다. 시험해 보고 아니었다면 다른 방법을 쓰면 된다. 물론 같이 조합해서 써도 좋다.

지금쯤이면 당신은 티칭 기술을 사용하고 있을지도 모른다. 지금까지의 비즈니스 세계에서는 일반적으로 티칭 스타일을 사용했으므로 하려고 마음만 먹으면 티칭은 자연스럽게 할 수 있다. 그러나 코칭 스타일은 낯설 것이다.

그러한 의미에서 나누어서 쓸 수 있으려면 '새로운' 스타일인 코칭을 알고 실천하는 것이 필요하다. 단지 그것뿐이다. 티칭과 코칭 중에서 어느 쪽이 뛰어나다는 것이 아니라 한 개의 무기보다는 두 개의 무기를 갖고 있으면 그만큼 성공 확률도 높아진다는 것이다. 한 가지 무기밖에 없을 경우에는 그것이 고장나면 끝이기 때문이다.

예를 들면, 당신에게 여러 명의 부하직원이 있다면 티칭과 코칭의 양쪽을 쓸 수 있으므로 상대의 성격과 특징에 맞는 리더십 스타일을 잘 조정할 수 있다. "상사는 귀신이 되어야 하나? 아니면 부처님이 되어야 하나?"라는 논의도 있지만 답은 단순하다. 어느 쪽이 목적을 좀더 효과적으로 달성할 수 있는가 하는 것뿐이다. 어느 쪽이건 하나밖에 쓸 수 없다거나 한 가지 방식에 지나치게 집착하는 것은 위험하다.

코칭은 기존의 리더를 부정하기 위한 것이 아니라 무기를 두 배로 하기 위한 것이라는 생각을 가져라. 그래도 회의적인 사람은 '지시 명령을 좀더 효과적으로 하기 위한 하나의 기술'이라고 생각해도 좋다.

## Q2 코칭은 실제로 하기는 어렵다!

**A2** ① 단지 "그렇군요"라는 한마디만 말할 수 있어도 훌륭하다.

■ 스포츠와 마찬가지로 시행착오를 반복하면서 한 단계씩 개선해 간다

먼저 '근성'에 대해 생각해 보자. 순식간에 뛰어들어서 조금 시험해 보고 잘 되지 않으면 금세 포기해 버리는 패턴에 빠져 있지 않은지 되돌아보라.

상식적으로 생각해 보아도 금방 성과가 나오지 않는다. 스포츠에서도 마찬가지이다. 테니스 책을 한 권 읽었다고 해서 그 다음날로 금방 테니스가 잘될 리는 없다. 그렇다고 해서 그 책이 쓸모없는 것인가?

스포츠에서 시행착오를 거듭하면서 한 단계씩 개선해 나가 결국은 잘하게 되는 것처럼 코칭도 마찬가지이다. 그러므로 성과가 바로 나타나지 않는다거나 변화가 보이지 않는다고 해서 버리는 것은 아까운 일이다.

본인은 스스로 변화가 없다거나 성과가 없다고 생각해도 상대는 속으로 "자네는 어떻게 생각하나?"라는 말을 듣고 "어, 과장님이 나의 의견을 물어 보시다니 드문 일인걸." "그냥 물어본 건지도 모르지만 어쨌든 기쁜걸"이라고 생각할 수 있다. 이러한 보이지 않는 성과가 있는 경우가 많다. 그런 작은 것들이 쌓여서 나중에 큰 효과를 낳는 것이다.

성실한 사람에게 코칭을 가르치면 100퍼센트 이상적인 코칭이 되지 않으면 안 된다는 의무감을 갖거나 조금이라도 잘되지 않으면

실망해 버려서 그 반작용으로 모두 버리는 경우가 있다.

"그렇군요"라는 단 한마디를 말할 수 있는 것만으로도 훌륭하다. 훌륭한 상사에 점점 가까워지고 있는 것이며 변하고 있는 것이다. 왜냐하면 "그렇군요"라고 상대의 이야기를 받아들일 수 있게 되었기 때문이다. 그것으로 일단 충분하다.

**A2 ② 어떤 질문과 피드백을 받아야 의욕이 생길지 상상해 보는 것이 중요하다.**

▪ 자신은 어떤 이야기를 들으면 기쁠지 생각해 본다

상대의 관점에 서지 못하는 사람은 코칭을 어려워한다. 이는 코칭 대화 이전의 문제이다. 만약 자신이 부하였다면 어떤 피드백을 받으면 좀더 의욕이 생길지 상상해 보라.

만약 코칭 대화의 표현이 기억나지 않더라도 잠깐 멈추고, 자신이라면 어떤 질문을 받을 때 기쁘고 의욕이 생길지 상상해 본다.

**A2 ③ 자신이 가지고 있는 사고와 행동 패턴을 먼저 인정한다.**

▪ 잘되지 않는다면 자신을 솔직히 들여다보자

솔직히 중립적으로 자신을 분석할 수 없는 경우에도 코칭은 어렵다고 느낄 것이다. 자신의 리더십에 대한 생각과 상사와 부하직원과의 관계에 대한 생각, 더 나아가 커뮤니케이션 그 자체에 대한 생각을 되돌아보자.

부하직원이 답을 갖고 있다고 생각하고 있는가 그렇지 않는가, 자신은 상대보다 좋은 답을 풍부하게 갖고 있다고 생각하고 있는가, 자신이 더 뛰어나다고 생각하고 있는가, 부하직원에게는 엄하게 대하려고 하는가 부드럽게 대하려고 하는가 등등 자신이 갖고 있는 사고 행동패턴, 즉 마음속 깊은 곳에 있는 사고 행동패턴을 먼저 인정해야 한다.

코칭이 잘 되지 않는다면 자신을 솔직히 들여다보자. "역시 어린 녀석은…"이라고 생각했다면 "어린 녀석이라고 생각하지 말자. 어리기 때문에 나름대로 좋은 의견을 갖고 있는 것이다"라고 메모하는 것만으로도 크게 변할 것이다.

---

## Q3  코칭으로 정말 사람을 움직일 수 있을까?

### A3  심리학적으로 보면 코칭은 고도의 설득 기술이다.

■ 사람을 움직이기 위한 하나의 무기

"코칭을 하면 내일부터 상대는 당신이 생각하는 대로!"와 같은 일은 물론 없다. 이는 과대광고이다. 그렇지만 이 책 전체에서 '코칭이 기능하는 이유'를 여러 각도에서 서술하고 있는 것처럼 인간의 심리를 생각하면 역시 코칭은 사람을 움직이는 데 유효한 기술이다. 뭔가 과장해서 생각하거나 0 혹은 1이라는 식의 극단적인 생각은 하지 않았으면 한다. '사람을 움직이기 위한 하나의 무기'로 몸에 익혀두었으면 하는 것이다.

그래도 아직 불안감이 남아있다거나 "좀더 증거가 필요해"라고 하는 분을 위해 "코칭은 고도의 설득 기술이다"라는 이야기를 덧붙인다. 필자는 『이제는 절대로 심리전에서 밀리지 않는다』 등 설득 기술에 관한 저술도 많이 있지만, 설득 기술로서 코칭의 유효성에 관해서는 항상 감탄하는 부분이 있다.

예를 들면 부하직원과 면접을 했을 때, 부하직원으로부터 "○○ 기술을 몸에 익히고 싶습니다"라는 이야기가 나왔다고 하자. 코칭을 몸에 익힌 상사라면, 즉시 "그래, 좋은데. ○○ 기술을 몸에 익히고 싶다는 거군. 자 내일부터 즉시 할 수 있는 것에는 어떤 것들이 있을까?"라는 한마디를 건넬 것이다.

상사의 이 말은 설득 기술에서 유명한 '풋 인 더 도어(foot in the door)'라는 테크닉과 아주 똑같은 것이다. 풋 인 더 도어는 우선 작은 부탁으로 예스를 하게 한 후에 서서히 큰 부탁(또는 원래 하고 싶었던 부탁)을 해나가는 것이다. 일단 발을 한번 들이게 되면 좋든 싫든 빠져나오기 어렵게 되는 심리를 이용하고 있는 것이다. 그렇게 생각하면 다음과 같은 코칭 대화는 아주 유효하다. 그런 의미에서 다음과 같은 대화는 풋 인 더 도어 테크닉을 사용하는 것과 같다.

- "내일부터 뭔가 할 수 있는 일이 없을까?"
- "오늘 어떤 일을 할 수 있을까?"
- "아무리 작은 일이라도 좋으니, 뭔가 목표 달성에 가까이 갈 수 있는 행동은 없을까?"

• "100은 무리여도 1 정도 할 수 있는 일은 없을까?"

코칭을 하기 전이나 코칭 시작 단계에서는 반드시 "할 수 없습니다" "무리입니다"라는 이야기가 나온다. 코칭을 받는 쪽은 행동을 하지 않는 이유를 수없이 열거한다. 이럴 때에는 "내일부터 할 수 있는 것" "하나라도 가능한 것" "누군가 가르쳐줄 사람은 없는가?" "참고가 될 만한 책은 없는가"라는 것처럼 발을 들여놓게 만드는 고도의 테크닉을 사용한다.

예를 하나 더 들어보자. "이것을 해줄래?"라고 말하면 상대는 예스 또는 노라고 대답할 것이다. 그러나 "자네의 개성을 활용한다면 어떤 방법으로 할 수 있을 거라고 생각하나?"라고 물으면 상대는 예스, 노로 대답할 수 없다.

'가상적 구매(assumptive close)'라고 하는 설득 테크닉이 있다. 물건을 팔 때 고객이 살까 말까, 예스 혹은 노를 말하기 전부터 산다는 전제에서 이야기를 진전시키는 기법을 말한다. 예를 들어 차를 구입하는 경우 산다고 한마디도 하지 않은 상태에서 "그럼 CD 플레이어는 장착하시겠습니까?" "언제 출고하면 좋을까요?" 등 임의대로의 이야기가 진전된다.

가상적 구매를 활용해서 이야기하면 상대는 싫다거나 하지 않는다고 좀처럼 말하기 힘든 상황이 된다. 세일즈 이외에도 상사와 부하직원과의 관계라면 더욱 그렇다. 상대는 아무래도 "예. 저라면…"라는 식이 된다. 그런 의미에서 "자네의 강점을 활용한다면?" "자네라면 어떤 방법으로 하겠는가?"라는 코칭 대화는 가상적 구매

와 같은 메커니즘을 이용한 '자연스럽게 상대 끌어들이기'설득의
테크닉이다.

지금까지의 코칭에서는 오히려 설득해서는 안 된다는 느낌이 있
었다. 코칭은 설득 기술이라고 서술하지 않았던 것이다.

그렇지만 "자네는 어떻게 생각하나?"라는 관점에서는 상대를 끌
어들일 수 있다. "자네로서 가능한 것은 무엇인가?"라고 물으면 상
대는 자신이 무엇을 할 수 있는가를 생각한다. 그러면 의욕이 생긴
다. 그러면서도 상대방에게 조금이라도 싫은 느낌을 주지 않는다.
심리학적으로 보면 코칭은 고도의 심리술이다. 아무쪼록 자신감을
갖고 '사람을 움직이기 위한 하나의 무기'로 코칭을 활용해 주길 바
란다.

---

**Q4 코칭은 상사 - 부하 관계에서밖에 쓸 수 없는 것은 아닌가?**

**A4 부하가 상사를 코칭할 수도 있고 동료뿐만 아니라 고객과 자기 자
신을 코칭할 수도 있다.**

■ 셀프 코칭도 가능하다

지금까지 코칭은 주로 상사와 부하직원의 관계에만 한정지어 이
야기해 온 것 같다. 상사가 부하직원을 코칭하는 것만이 코칭은 아
니다. 부하직원이 상사를 코칭할 수도 있을 뿐만 아니라 동료와 고
객 그리고 자기 자신도 가능하다.

예를 들어 코칭 기술을 활용하면 고객의 마음속 깊은 곳에 감춰져 있어 본인조차 알지 못하던 니즈와 지금 결단을 내리지 못하는 원인을 명확히 할 수도 있다. 코칭으로 진정한 의미에서의 고객 중심의 제안형 영업도 실현할 수 있는 것이다. 벌써부터 영업에 코칭을 활용하려는 움직임이 보이고 있다.

이 책에서 보여준 코칭 대화나 질문을 자기 자신에게 던져봄으로써 셀프 코칭도 가능하다. 실제로 일이 바빠서 코칭 같은 것을 받을 시간도 없고 재정적인 여유도 없다고 생각하는 사람은 셀프 코칭을 잘 활용하길 바란다.

그러나 이때 주의할 점은 좋은 자문자답과 나쁜 자문자답이 있다는 것이다. 나쁜 자문자답을 하는 사람은 하면 할수록 의욕을 잃게 되는 반면 좋은 자문자답을 하는 사람은 점점 향상되어 간다. 그것이 일을 잘하는 사람과 그렇지 못하는 사람과의 차이가 된다.

예를 들어 잘 나가는 세일즈맨은 이렇게 자문자답한다.

• "왜 잘 안되었을까? 다음에 그 사람을 설득하기 위해서는 어떤 질문을 하면 좋을까?"

그러나 성적이 부진한 세일즈맨은 이렇게 자문자답한다.

• "나는 영업 업무에 적합하지 않은 게 아닐까? 거기다가 역시 불황이라 어쩔 수가 없어."

당신도 영업업무가 아니라 다른 일을 하고 있다 하더라도 이 책을 참고로 해서 꼭 좋은 자문자답을 하길 바란다.

■ 코칭은 상사와의 커뮤니케이션에도 활용할 수 있다

부하직원이 상사를 코칭하는 것도 가능하다. 상사를 설득하고 싶다면 이렇게 대화를 나누어서는 안 된다.

부하 : "왜 안 되는 겁니까?"
상사 : "안 된다면 안 되는 거야."

이런 식으로 반복되면 결국 상사는 화가 난다.

× "왜 그런 거죠?"
× "왜 안 되는 겁니까?"
× "자신이 있습니다."

이렇게 말하는 것보다 다음과 같이 질문해 본다.

○ "그러면 문제점을 가르쳐주시겠습니까? 내용 자체는 어떻습니까? 예산 면에서는요? 일정면에서는요?… 등등."
○ "전체적으로는 안 좋아도 괜찮은 점이나 다음에 활용할 만한 점은 없습니까?"
○ "100점을 만점이라고 한다면 몇 점 정도 입니까? ›(65점) →

그렇다면 15점을 늘리기 위해서는 어떤 점에 유의해야 합니까?"

의견도 들으면서 "그러면 이 부분을 명확히 하도록 노력해 볼 테니…"라고 상대를 끌어들여간다.

"코칭은 상사와의 커뮤니케이션에도 활용할 수 있다"는 것을 기억하자. 상사에게도 쓸 수 있으므로 동료에게도 쓸 수 있다. 코칭에서는 수평 혹은 아래에서 위로 밀어주는 대화 스타일을 취하기 때문에 오히려 상사에게야말로 활용해야 한다.

## Q5  그런 것은 이상론에 불과합니다!

### A5  이상론이어도 좋으니 일단 시도한다.

■ 아무것도 하지 않은 것보다는 해보는 편이 낫다

"이상론이어도 괜찮지 않습니까?" 이것이 나의 답이다. "이상론이라고 생각해도 시도해 주십시오. 100퍼센트 이상적으로 되지는 않을지라도 10퍼센트라도 좋으니 이상에 가까워질 수 있다면 그 전보다 훨씬 나아진 것입니다."

이상론만 생각하고 아무것도 하지 않는 것보다는 10퍼센트라도 이상에 가까워질 수 있다면 시도해야 뭔가를 얻을 수 있다. 이상론이라고 변명하며 아무것도 하지 않는다면 무슨 이득이 있겠는가?

## Q6 상대가 기어오른다면?

## A6 그렇게 하지 못하게 조치를 취한다.

■ 꼬리표를 붙이고 하지 않는 것은 아깝다

코칭에서는 대화의 주체가 상대이므로 이러한 불안을 느끼는 사람이 많을 것이다. 그렇지만 이야기는 단순하다. 상대가 기어오른다면 질책하면 된다. 지금까지 혼낸 대로 하면 된다.

기어오르기 때문에 코칭을 하지 않는다는 것은 본심은 귀찮거나 잘못하면 어쩌나 하는 두려움 때문이다. 또 지금까지의 패턴을 벗어나는 것이 싫기 때문이다. 그래서 사람들은 이쯤에서 상대 탓으로 돌려버린다. "이 녀석은 코칭을 하면 기어오르기 때문에 하지 않는 거야"라고 미리 꼬리표를 붙여버리는 것이다. 이는 매우 안타까운 일이다. 해보고 난 후에 유연하게 대응해 가자.

## Q7 혼자만 한다면 이상하게 보이지 않을까?

## A7 다른 사람이 하지 않기 때문에 더욱 가치가 있다.

■ 1년에 한 번 5분 정도도 좋다

다른 사람이 하지 않기 때문에 더 가치가 있다. 지금까지 익혀온 모든 것을 버리라는 것이 아니다. 정말 쓰고 싶을 때 쓸 수 있으면 된다. 1년에 한 번, 부하직원에게 5분만이라도 코칭 대화를 해도 좋다.

익숙하지 않은 대화 스타일을 취하면 처음에는 자기 자신이 어색하기 때문에 '이상하게 보이지 않을까?'라고 걱정하게 된다. 그러나 그 어색함이야말로 성장의 증거이다.

## Q8 어떻게 하면 좋을까요?

A8 이 책에 나온 표현을 반복하는 것부터 시작해 본다.

■ 좀더 편하게 생각해도 좋다

지나치게 생각하지 말자. '도대체 코칭이라는 것이 뭐야? 코칭을 어떻게 하는 거야?'라고 생각하지 않아도 좋다. 너무 깊게 생각하지 말고 이 책에 나온 표현을 반복해 가는 연습부터 해보면 어떨까? 코칭을 편하게 생각해 주길 바란다.

## Q9 코칭을 사용하기까지는 시간이 걸릴 것 같은데…

A9 오늘 읽은 코칭 대화 방법 가운데 쓸 만한 것을 내일 말해보는 정도로 하면 된다.

■ 이 책 전부를 외우지 않아도 된다

물론 이상적인 코칭이 되기 위해서는 시간이 꽤 많이 걸릴 것이다. 그렇지만 '코칭을 활용해 보고 싶다'는 분에게는 코칭적인 단어와 표현을 한마디 정도 말할 수 있으면 일단 충분하다. 이 책의 내용을 전부 쓰려는 것이 아니라 "오늘 읽은 것 중에서 쓸 만한 표현을 내일 써보자"라는 정도의 가벼운 마음으로 해보자. 그 정도면 기다릴 필요는 전혀 없을 것이다.

프로 코치가 될 것이 아니라면 무겁게 생각하지 말자. 프로 코치의 자격을 딴 이후에나 부하직원과 코칭 대화를 나누자고 생각하는 것은 너무 지나치다(프로 코치들의 국제 연합체인 국제코칭연맹 International Coach Federation에서는 코칭 교육수준과 코칭 시간 등을 기준으로 코칭 자격을 발급하고 있다. 자격은 교육수준과 코칭 시간이 많을수록 ACC, PCC, MCC 등으로 높아진다 — 옮긴이 주).

---

### Q10 코칭하고 있을 시간이 없어요.
### A10 정말 한마디도 말할 시간이 없는 것일까?

■ 항상 이야기하는 방식을 조금 바꿔보는 것부터 시작하라

정말 시간이 없는가? "과연 그렇군"이라고 한마디 말할 시간조차 없는가? 점심시간의 3분, 야구 이야기 대신에 "자네의 꿈은?"이라고 물어볼 시간은 없는가? 술자리에서 이성에 관한 이야기나 불황의 이야기 대신에 "내가 할 수 있는 일은 없을까?" 정도의 이야기를 할 시간이 정말 없는 것일까?

코칭을 너무 거창하게 생각하지 말고, 하나의 단어나 표현을 말하는 것 또는 항상 하는 이야기 방식을 조금 바꾸어보는 것부터 시작해 보자. 그 정도라면 시간은 그다지 걸리지 않을 것이다. 또한 시간이 없기 때문에 코칭이 소중한 것이다. 코칭 기술을 활용해서 깊이 있는 대화를 나누자.

## Q11 상대에게 질문할 때 조금 불안합니다.
### A11 예상외의 대답이 돌아온다고 해도 염려할 필요는 없다.

■ 질문한 것 자체에 가치가 있다

질문했는데 예상외의 답이 돌아올까 걱정하여 처음부터 지시 명령을 하게 되는 패턴도 있다. 그러나 부하직원이 예상외의 전혀 엉뚱한 답을 한다고 해서 염려할 필요는 없다.

"잘 진행되지 않는 이유가 무엇일까?"라는 질문에 "과장님이 잘못했습니다.", "부장님이 뭔가 해준다고 말씀하시지 않으셨습니까?" 와 같은 최악의 답이 돌아왔다. 지금까지 해오던 대로의 대화가 되어버린다고 해서 실망하고 있는가? 그러나 질문했다는 사실 자체에 가치가 있는 것이다. 물론 이런 식으로 대화를 진행해 나가면 최고이다.

• "그렇군. 그러면 내가 어떤 것을 해야 한다고 생각하나?"

- "내 방식이 틀렸다면 자네가 좀더 할 수 있는 점은 없었을까?"
- "그러면, 다음에 성공시키기 위해서는 서로 어떤 것부터 신경을 써야 할지 검토해 보자구."

비즈니스에서 상대방의 답이 틀렸다고 생각하면 틀렸다고 말하면 된다. 의견에 차이가 있을 때야말로 코칭 대화를 활용할 수 있다.

---

**Q12  나는 코칭을 받지 않고서도 성공했으므로 코칭같은 것은 필요없다.**
**A12  그러나 코칭을 받았다면 더 성공했을지도 모른다.**

■ 코칭을 받으면 더욱 성장하는 사람도 있다

코칭을 받지 않고 성공했다고 해도 성공 과정에는 반드시 나쁜 기억과 고통스러운 경험이 있었을 것이다. 그러나 이럴 때 상사가 부하직원에게 코칭을 해주었더라면 좀더 편하게 효율적으로 그것을 극복했을지도 모른다. 또 비슷한 경험에서 좀더 다양한 것을 배웠을지도 모른다. 그러므로 "코칭을 받지 않고서도 성공했다고 해서 코칭은 필요없다"는 성급한 결론은 내리지 않는 것이 좋다.

부하직원 중에서도 코칭을 받지 않아도 성공하는 사람은 많이 있다. 그렇지만 무기를 가지고 있으면 필요할 때 도움이 된다. 하지 않아도 되는 사람은 하지 않으면 되는 것이므로 필요에 따라 나누어 쓰면 좋은 것이다.

## Q13  코칭은 동양인에게 적합할까?
**A13  자신의 생각과 의견을 말하지 않는 동양인에게 코칭은 적합하다.**

■ 코칭으로 답과 능력을 끌어내준다

　현재의 코칭은 미국에서 발전해 온 것이다. 영어 때문에 동양의 비즈니스에 익숙해질 수 있을지 의구심이 들거나 불안감을 느끼는 분들이 있을지도 모르겠다. 그러나 코칭은 동양인에게 맞다.

　미국적인 커뮤니케이션은 '자신은 이렇게 생각한다'라고 자신의 의견을 설득하는 타입이다. 동양인의 경우는 자신이 의견을 확실히 말하는 사람은 적고, 상사에게 맞춰가려는 스타일이 많다. 바꾸어 말하면, 상사가 끌어내주지 않으면 자신의 생각과 의견을 말하지 않는 것이다. 말하지 않고 말할 수 없기 때문에 스스로 생각하는 습관이 몸에 배지 않는 것이다. 드러내는 습관이 없기 때문에 좋은 생각이 떠올라도 스스로 무의식적으로 뚜껑을 덮어버리고 만다.

　의식적으로 뚜껑을 덮는 사람도 있다. 회사에서는 필요 이상의 것은 말하지 않는 편이 좋다고 생각하며 단순히 묵묵히 열심히 일하고 있는 사람이 많은 것이다. 동양인의 대부분은 지금도 눈에 띄지 않게 수양하지 않으면 안 된다는 비즈니스 문화 속에 있다. 자신의 능력, 대답에 뚜껑을 덮어버리는 문화를 미덕으로 생각하는 것이다. 그렇게 때문에 코칭으로 지금까지 묻혀왔던 답과 능력을 끌어낼 수 있으므로 코칭의 효과도 클 것으로 보인다.

또한 자기 주장을 피하는 동양적인 커뮤니케이션에서는 그만큼 다른 사람에게서 어떤 이야기를 들으면 심리적 반발이 높아지는 경향이 있다. 코칭으로 말하고 싶은 것을 말하게 하면 심리적 반발이 그렇게 일어나지 않으므로 코칭의 효과가 훨씬 더 커질 것이다.

서양인이 자발적으로 행동하는 문화라면, 동양인은 기다리는 문화이다. 따라서 코칭 대화에 의해 "무엇을 할 수 있습니까?" "어떻게 하고 싶습니까?"라고 물어주면 상대는 쉽게 움직일 수 있다.

"그렇군"이라는 한마디를 먼저 써보자는 이 책의 핵심 메시지는 동양인에게 아주 쉬운 표현이다. 그러나 한 가지 유의해야 할 것은 동양인은 상대에게 맞춰주려는 경향이 강하므로 상대를 불쾌하게 하지 않는 것과 대결을 피하고 상대에 맞추는 것과는 별개라는 점이다. 이 점에 유의해서 대화하길 바란다.

---

**Q14 코칭의 효과를 어떻게 하면 지속시킬 수 있을까?**

**A14 코칭은 배우는 것보다는 익숙해지는 것이 중요하다. 연습하고 또 연습하라!**

① 코칭의 코칭을 해보자

코칭을 배운 효과를 지속시키기 위해 본인의 연수에서는 마지막에 '코칭의 코칭'을 한다. 오늘 배운 것을 내일부터 어떻게 활용할 것인가에 관해 코치 역할을 하는 사람으로부터 코칭을 받는 것이다.

- "오늘 코칭에 관해 여러 가지를 배웠습니다. 당신은 이것을 내일부터 어떻게 활용하고 싶으십니까?"
- "오늘 배운 것 중에서 가장 활용해 보고 싶은 기술은 무엇입니까?"
- "지금까지 잘 안 되는 부분은 어떤 것입니까?"
- "부하직원의 얼굴을 한 사람 한 사람 떠올려보아 주십시오. 어떤 표현을 누구에게 쓸 수 있을지 생각해 주십시오."
- "자신이 특히 힘들어하고 있는 비즈니스 상황을 떠올려주십시오. 그 상황에서 쓸 수 있는 기술은 무엇입니까?"

이 책을 읽고 있는 당신은 내가 연수에서 하고 있는 것을 셀프 코칭으로 해주길 바란다. 되도록이면 '이 상황에서는 이 스킬' 등처럼 메모해 둔다면 한층 효과적일 것이다.

## ② 계속 연습한다

코칭 연습은 상사, 부하, 동료, 고객, 가족, 애인 등 누구에게나 할 수 있다. 물론 혼자서도 할 수 있으며 하고 싶은 마음만 있다면 언제 어디서든지 연습할 수 있다.

코칭은 배우는 것보다 익히는 것이 중요하다. 코칭의 개념을 완전히 이해한 후에 쓴다거나 마음의 준비가 되면 한다고 생각하면 언제까지라도 코칭을 활용할 수 없다. 마음의 준비가 되어 있지 않더라도, 코칭에 대한 의문이 있더라도, 일단 코칭 대화를 실행해 보자. 실행하면 코칭이 말하고자 하는 것이 비로소 이해되기도 한다.

또 다른 사람의 이야기에 귀를 기울이는 것도 연습이다. 다른 사람의 대화를 듣고 있으면 얼마나 우리들이 비(非) 코칭 대화를 하고 있는지 새삼스럽게 깨닫게 된다. 전철 안에서도 회사에서도 술집에서도 귀를 기울이고 있으면 얼마든지 코칭 공부를 할 수 있다. 그럴 마음만 있다면 얼마든지 기회가 있으므로 열심히 배우고 연습해 나가자.

③ 피드백을 받는다

지금까지 몇 번이나 나왔지만 다른 사람으로부터 피드백을 받는 것도 코칭의 효과를 오래 지속시키는 포인트이다.

- "최근 이런 것에 신경쓰고 있는데, 알고 있었어?"
- "어느 부분에 좀더 주의를 기울인다면 훌륭한 코칭을 할 수 있을까?"
- "코칭에 신경써서 대화해 보니 뭔가 기억에 남을 만한 말이 있었나?"

자신은 코칭을 배우고, 실천하고 있다는 것을 항상 주위에 알려야 한다. 그렇게 해야 코칭을 하고 있다는 자각을 촉진시켜 준다.

자신을 좋은 의미에서 옭아매는 것이다. 그렇게 되면 주위로부터 피드백을 받게 되고 더욱 향상될 것이다. 셀프 코칭도 가능하다.

- '지금의 대화에서는 코칭 대화가 제대로 되었나?'
- '이제까지 자신의 코칭이 50점이었다고 한다면 지금의 자신은 몇 점 정도일까?'
- '지금의 코칭에서 좋았던 점은? 나빴던 점은?'
- '말하고 싶었는데 하지 못한 말이 없었나?'
- '그 상황에서 다르게 질문할 수는 없었을까?'

셀프 피드백은 언제 어디서라도 할 수 있기 때문에 의식해서 반복해 보자. 그러다보면 경험이 점점 쌓이게 된다. 진지한 성격의 사람은 '안 좋았던 점'을 찾기 쉽지만 '좋았던 점'을 찾아서 자신감을 키우는 것부터 먼저 시작한다면 좋을 것이다.

자, 어디서부터든지 좋으므로 코칭을 시작해 보자! 마음에 든 표현을 당장 내일부터 써 본다면 좋지 않겠는가?


**Point**

**언제 어디서라도 좋다. 우선 "그렇군"이라는 한마디부터 시작해 보자.**

부록

# 내일부터 쓸 수 있는 필수 코칭 표현 260

■

이 책에 등장한 코칭 대화 방법을 상황별로 정리하였다.

바로 내일부터 활용해 보라. 어렵게 생각하지 말고,

가볍게 편하게 활용하길 바란다.

■

초급편

# 이것만큼은 즉시 실천해 보자!

**어떤 상황에서도 응용 가능한 필수 문장**

001 · 그렇군/그렇구나.

002 · 그렇게 생각하고 있구나.

003 · 자네는 어떻게 생각하나?

004 · 어떻게 하면 좋겠다고 생각하나?

005 · 자네(우리)라면 무엇이 가능할까?

006 · 자네(우리)라면 어떤 방식이 가능할까?

**인사 대신 한마디 말을 걸어보고 싶을 때**

007 · 컨디션은 어때?

008 · 요즘 컨디션은 좋아 보이는군.

009 · 요즘 열심히 하고 있군.

010 · 왠지 컨디션이 좋아 보이는군.

011 · 뭔가 새로운 것을 시작했다고 들었는데.

**이야기하고 싶은 것이 있을 때**

012 · 잠깐 그 건에 관해 이야기하고 싶은데 괜찮을까?

013 · 바쁜 건 알지만, 잠깐 이야기하고 싶은데 부탁해도 될까?

014 · 코칭을 배웠는데 잠깐 시험해 봐도 괜찮을까?

015 · 30분 정도 시간을 내주었으면 하는데, 언제가 괜찮을까?

016 · 같이 이야기하고 싶은 게 있으니까, 잠깐 시간 좀 내주세요.

017 · 걱정하고 있는 부분을 같이 검토해 볼까?

018 · 자네에게 기대하는 바가 있어 꼭 여러 가지 이야기해 보고 싶은데 괜찮을까?

019 · 오늘은 심한 의견을 내놓을지도 모르겠는데 괜찮을까? 물론 자네도 자유롭게 의견을 이야기해 주게.

020 · 대화를 나누는 동안 이야기하고 싶지 않은 것도 나올지 모르지만, 말할 수 있는 범위 안에서 좋으니까 무엇이든지 말해주면 좋겠네.

021 · 어려운 질문을 많이 할지 모르지만, 생각하는 것만으로도 의
　　　미가 있으니까 같이 생각해 보지 않겠나?
022 · 오늘은 꼭 자네의 의견과 솔직한 마음을 듣고 싶네. 서로 마음
　　　을 터놓고 이야기해 보지 않겠나?

**상대가 이야기하기 쉬운 분위기를 만들고 싶을때**

023 · 정답에 얽매일 필요는 없으니까.
024 · 무리하게 서둘러서 말할 필요는 없네.
025 · 천천히 차분하게 생각해 보자구.
026 · 대답하기 어려운 질문을 하거든 바로 그 자리에서 말해주게.
027 · 5분이건 10분이건 기다리고 있을 테니 생각이 정리되면 이야
　　　기하게.
028 · 정리되지 않아도 좋으니까 생각난 것을 계속 이야기해 주게.
029 · 답이 나오지 않아도, 생각한 것만으로도 의미가 있다고 생각
　　　하네.

**같이 생각해 보고 싶을 때**

030 · 이 상황을 개선하려면 무엇을 해야 할까?
031 · 같이 생각해 보자구.
032 · 같이 검토해 보자구.
033 · 같이 목표를 만들어보자구.

034 · 둘이서 생각이 떠오르는 대로 아이디어를 내볼까?

**상대의 이야기를 한층 더 촉진시키고 싶을 때**

035 · 좋은데.
036 · 그거 굉장히 재미있는데.
037 · 그렇게 생각하는 방법도 있었구나.
038 · 생각이 거기까지 못 미쳤었는데.
039 · 참신하군. 아주 좋아.
040 · 거기에 관심을 가졌다니 의외인데?
041 · 그거 참 힘들겠군.
042 · 그건 참 어렵겠군.
044 · 그걸 생각하지 않으면 안 되지.
045 · 철저히 검토해야 할 중요한 포인트군.

**상대의 의견과 솔직한 마음을 계속 끌어내고 싶을 때**

045 · 그건 어째서?
046 · 그래서 어떻게 되었어?
047 · 언제부터 그런 것을 생각하고 있었지?
048 · 자네가 집중해서 할 수 있는 방법은 무엇인가?
049 · 자네라면 이런 상황에서 어떻게 이야기하겠나?
050 · 자네가 그 중에서 동의할 수 있는 부분과 동의할 수 없는 부분

은 무엇인가?

051 · 구체적으로 어떻게 해결하고 싶은가?

052 · 어떤 부분이 잘 되어가고 있는가? 잘 되고 있지 않는 부분은?

053 · 자네는 어떤 느낌이 들지?

054 · 그것은 자네에게는 어떤 이점이 있을까?

055 · 그것을 완수했을 때의 자신을 상상하면 어떤 기분이 들지?

056 · 지금의 기분은 기대와 걱정 중 어느 쪽인가?

057 · 그 생각이 떠올랐을 때 어떤 기분이 들었나?

058 · 그 불안감은 어디서 오는 걸까? 같이 검토해 볼까?

059 · 불안해 보이는데 어떤가?


## 조언하고 싶을 때


060 · 나도 3년 전에 비슷한 일이 있었지.

061 · 나도 신입사원 때에 그런 일이 있었다네.

062 · 이런 식으로 생각해 보는 것은 어때?

063 · 음, 나라면 이런 방식으로 해볼 것 같은데.

064 · ～ 라는 건 어때?

065 · ～ 는 어떨까?

066 · ～ 하는 것은 자네에게 도움이 될 것 같은가?

067 · ～ 나는 이렇게 생각해. 자네에게 힌트가 된다면 좋겠는데.

**상대가 낸 아이디어에 대해 스스로가 생각해 보게 하고 싶을 때**

068 · 자네는 그것이 좋은 의견이라고 생각하는가?

069 · 자네는 어떤 식으로 변할 것인가?

070 · 실현 가능성을 100점 만점으로 한다면 몇 점 정도일까?

071 · 70점인 이유를 가르쳐주겠나? 30점을 올리기 위해서는 무엇
     을 해야 하나?

**이전부터 생각하고 있던 점을 피드백하고 싶을 때**

072 · 때때로 이런 것이 있지.

073 · 이렇게 하는 일이 많지 않은가?

074 · 나에게는 이렇게 보이는 일이 많은데.

075 · 나는 이런 식으로 생각하고 있었는데.

076 · OO라는 것도 있지.

077 · OO라는 부분이 있을지도 모르지.

**강점을 최대한 살리고 싶을 때**

078 · 어떤 부분이 자신의 장점이라고 생각하나?

079 · 자네의 가장 큰 강점은 무엇이라고 생각하나?

080 · 자네가 다른 사람과 다른 점은 무엇인가?

081 · 자네의 강점을 살린다면 어떤 식으로 할 수 있겠는가?

082 · 자네라면 특히 잘할 수 있다고 생각하는 부분은?

083 · 어떤 상황을 만들어야 좀더 자신의 강점을 살릴 수 있을까?

084 · 약점을 강점으로 활용하려면 어떻게 하면 좋겠는가?

085 · 지금의 상태에서 자신의 능력을 발휘할 수 있는 것으로는 어떤 것이 있다고 생각하는가?

086 · 나는 자네의 이런 부분이 강점이라고 생각하네만, 그것을 살릴 수 없을까?

087 · 이 일에서는 반드시 자네의 능력을 최대한 살릴 수 있다고 생각하네. 왜냐하면 ~이기 때문이지. 이런 얘기를 듣고 어떤 느낌이 드나?

## 상대를 질책할 때

088 · 지금의 상태로 과연 목표를 달성할 수 있겠는가?

089 · 자신에게 변명하고 있는 부분은 없는가?

090 · 그것은 자신이 스스로 정한 것이 아닌가?

091 · 그것이 원인이라는 사실은 정말로 틀림없는가?

092 · 진정한 의미에서 자기 자신을 위한다면 지금 무엇을 하면 좋겠다고 생각하는가?

093 · 10년 후의 자신이 지금의 자신을 본다면 뭐라고 말할 것 같은가?

094 · 신입사원 때의 자신이 지금의 자신을 본다면 뭐라고 말할 것 같은가?

095 · (한 차례 질책한 후에) 자, 무엇이 가능한지 검토해 보면 좋지 않을까?

**상대를 칭찬할 때**

096 · ~이 좋아졌군.
097 · ~을 할 수 있게 되었군.
098 · ~ 부분이 전에 비해 크게 달라진 것 같은데.
099 · 실행해 주어서 매우 기쁘다네.
100 · 지시한 것은 철저하게 해내는 사람이구만.
101 · 이번 일로 이런 좋은 점이 자네에게 있다는 것을 알았다네.

중급편

실천 프로세스의 각 단계에서 활용해 보자!

# 1. 목표 설정

**문제점의 명확화**

102 · 오늘 프리젠테이션에서 고객의 반응이 별로였던 것 같은데, 자네는 어떻게 생각하나?

103 · 기대에 미치지 못한 원인으로 생각나는 것이 있는가?

104 · 자, 준비단계부터 살펴보도록 하지.

105 · 어느 정도 부족했나?

106 · 시간이 없었다는 것 때문에 어떤 점이 충분하지 않았다고 생각하나?

## 깊이 알아가기

## 브레인 스토밍

## 좁혀나가기

121 · 긴급한 정도로 본다면?

122 · 실행 가능성에서 본다면?

123 · 자신이 마음에 드는 정도로 본다면?

**가능성의 확대**

124 · 우선 ~는 잊어버리고 자유롭게 생각해 볼까?

125 · 시간의 제약을 생각하지 않는다면 어떻게 완성할 수 있을까?

126 · 시간의 제약을 생각하지 않는다면 이후 몇 군데나 더 돌아볼 수 있겠나?

127 · 비용의 제약을 생각하지 않는다면 어떤 것을 만들고 싶은가?

128 · 몇 명이라도 사람을 쓸 수 있다면 1주일 안에 가능한가?

129 · 만약 자신에게 ~ 기술이 있다면?

130 · 1개월 연장하는 것이 무리라면, 1주일 연장하는 것으로 거기에 가까이 갈 수 있을까?

131 · 20퍼센트 노력을 늘린다면 그 제약만큼을 만회할 수 있지 않을까?

132 · 그것은 정말로 그 기술이 없다면 전혀 할 수 없는 일인가?

**대결**

133 · 이 상황을 그대로 둔다면 어떻게 될 거라고 생각하나?

134 · 실행하지 않았을 때의 나쁜 점은 무엇일까?

135 · 만약 있다고 한다면, 어떤 것이 자네의 가능성을 좁히고 있는
     것 같나?
136 · '~하지 못했습니다'라고 계속 말하면 이득이 있는가?
137 · 자신이 변명하지 못하도록 하려면 어떻게 해야 하는가?
138 · 진심으로 이야기하고 있는가?
139 · 정말로 할 수 있다고 생각하고 있는가?
140 · 그것을 달성하고 싶다는 강한 의지는 있는가?
141 · 자네의 이야기를 듣고 있으면 좀더 노력할 수 있는 부분이 있
     는 것처럼 들리는데, 어떤가?


**목표의 명확화**


142 · 그러면 ~이라는 것에 관해 더 얘기해 보자.
143 · 그러면 ~이라는 목표를 달성하기 위한 얘기로 더 계속해서
     나가볼까?
144 · 지금까지 이런 목표를 세우는 것으로 대화가 잘 이루어진 것
     같은데, 어떻게 생각해?
145 · 이 테마로 대화를 계속 나누고 싶은데 괜찮은가? 시간을 더
     내줄 수 있을까?

## 2. 해결책 · 실행책 검토

**필요사항 정리**

146 · 기분 또는 마음가짐으로 필요한 것은 무엇일까?

147 · 그것을 위해 필요한 기술은 무엇일까?

148 · 시간과 비용 면에서는 어떠한가?

149 · 다른 사람으로부터 어떤 지원이 필요한가?

150 · 무엇을 학습해야 하는가?

151 · 어떤 사고방식과 패러다임을 가져야 하는가?

152 · 그 목표를 달성하는 데 필요한 것들을 되도록이면 많이 들어
보자.
(논의한다)

153 · 필요도가 높은 순으로 정리해 보자.

154 · 비슷한 것끼리를 카테고리별로 정리해 볼까?

**자원 찾기**

155 · 과거에 배운 것 중에 이 문제에 활용할 수 있는 것은 무엇일
까?

156 · 과거에 비슷한 상황이 없었는가?

157 · 과거에 어려웠던 상황은 없었는가? 그때 어떻게 극복했는가?

158 · 과거와는 관계없어 보일지도 모르지만 한번 살펴보도록 하지.

자네가 가지고 있는 자원이니까.

159 · 이 문제에 정통한 사람은 누구일까?

160 · 누군가 가르쳐줄 사람은 없는가?

161 · 그것을 상세히 알고 있는 사람 주위에 없을까?

162 · 조금이라도 좋으니 협력해 줄 것 같은 사람은 없을까?

163 · 예전 상사는 어때?

164 · 고객 중에 이야기를 들어줄 만한 사람은 없는가?

165 · 가족은? 친구는?

166 · 참고가 될 만한 책은 있을까?

167 · 어떤 책을 읽으면 힌트가 될까?

168 · 이 기술을 익히기엔 어떤 강좌가 좋을까?

169 · 인터넷에서 검색해 보지 않겠는가?

170 · 이 목표를 달성하기 위해서는 자네의 강점 중 어떤 것을 어떻게 활용할 수 있을까?

171 · 자신있는 분야는? 자신있는 것은? 다른 사람과 다른 점은? 자신 나름대로 연구하고 있는 것은?

**관점 바꾸기**

172 · 만약 자네가 나라면 어떤 답을 하겠는가?

173 · 만약 부장이라면 어떤 식으로 조언할 것 같은가? 사장이라면?

174 · 10년 후의 자신이라면? 신입사원 때의 자네라면? 이상적인 자네라면?

175 · 아내라면? 아이들이라면?

176 · 3년 후의 자신이라면 지금의 자신에게 뭐라고 조언할 것 같은가?

177 · 이상적으로 세일즈하고 있는 자신을 떠올려볼까? 평소와 어떻게 다른가? 그렇게 하기 위해서는 늘 하던 방식에서 어떤 부분을 플러스하면 좋을까?

**먼저 할 수 있는 것 생각하기**

178 · 내일부터 뭔가 할 수 있는 일이 없을까?

179 · 오늘 할 수 있는 일은 무엇일까?

180 · 아무리 작은 일이라도 좋으니, 목표 달성에 가까이 갈수 있는 행동은 없을까?

181 · 100은 무리라고 해도 1 정도 할 수 있는 일은 없을까?

## 3. 실행

**계획의 확인**

182 · 내일부터 1주일 이내에 OO 씨에게 전화를 한 번 한다는 것이군.

183 · 이러이러한 계획으로 이러이러한 행동을 한다는 것이지?

184 · 자네가 생각하고 있는 계획은 이러이러한 것이지?

### 실행 약속

185 · 이 계획을 확실히 실행할 예정인가?

186 · 의욕은 충분한가?

### 요청

187 · 그러면 이번 주는 그 계획을 실행에 옮겨주게. 그리고 다음주 수요일에는 중간 경과를 보고해 주게.

### 재검토

188 · 하겠다고 말하기 어려운 이유는 무엇입니까?

189 · 아직 내키지 않는 점이 있는 것 같군요.

### 지원하기

190 · 그것을 확실히 실행에 옮기기 위해서 내가 어떤 식으로 지원을 할 수 있을까?

191 · 내가 아니더라도 자네를 지원해 줄 만한 좋은 사람은 없는가?

## 4. 피드백

**승인**

192 · ~을 했군요.

193 · 좋군요.

194 · 재미있네요.

195 · 기쁘군요.

196 · 다음으로 연결되면 좋겠네.

197 · 1년 후가 기대되네.

198 · 점점 더 좋아질 것 같군.

199 · 이대로 계속하면 좋을 것 같은데.

**상대가 계획을 실행하지 않았을 때**

200 · ~은 하지 않았군.

201 · 행동으로 옮기지 않은 가장 큰 이유는 무엇인가?

202 · 다음에는 꼭 행동으로 옮기기 위해서 어떤 것이 필요할까?

203 · 하기 어렵다면 어떤 부분이 걸리는가?

204 · 좀더 효과적으로 할 수 있는 방법은 없을까?

205 · 어떻게 하면 이번에 실행할 수 있을까?

## 성과의 확인

206 · 기술로는 어떤 것을 익혔는가?

207 · 구체적인 숫자로 연결된 부분이 있는가?

208 · 그것을 함으로써 어떤 기분이 들었나?

209 · 상대의 반응은 어땠나?

210 · 예상하지 못했던 결과는 무엇이었나?

211 · 앞으로 연결될 것 같은 부분은?

212 · 성과가 아주 높았을 때를 100, 전혀 없었을 때를 0으로 한다면
     몇 점 정도인가?
     50점입니다.

213 · 그 50점의 성과는 무엇인가? 마이너스의 부분은? 50점의 성
     과가 나오지 않은 이유는 무엇인가? 그것을 커버한다면 다음
     주까지 어떤 것을 할 수 있겠는가?

214 · 그 전에 이야기했던 것은 몇 퍼센트 정도 진행되고 있는가?

상급편

# 기본을 익혔다면 꼭 도전해 보자!

## 상대가 푸념·불평·불만이 많은 경우

215 · 지금 나온 점을 정리해 보고 싶으니, 잠깐 숨을 돌려볼까?

216. · 15분 정도 이야기를 계속하니 좀 혼란스러운데, 지금까지의 포인트를 정리해 볼까?

217 · 그러면, 이 즈음에서 자네의 이야기를 간결하게 요약해 보게.

218 · 자네의 불만을 3개 정도로 정리해 볼까? 확실히 하는 것이 위에 보고 하기가 편하기도 하고.

219 · 그것을 개선하고 싶다는 생각이 들었는가?

220 · 그것만 깨끗하면 자네는 좀더 앞으로 나아갈 수 있다는 것이군.

221 · 자네가 좀 더 나아지면 꼭 그것에 관해 같이 이야기해 보자구.

222 · 나도 할 수 있는 것을 생각해 보고 싶군.

**상대가 반항적인 경우**

223 · 틀림없이 주변사람들도 그렇게 생각하고 있을 텐데, 자네가 가르쳐줄 수 있는 것은 무엇인가?

224 · 아니, 소용없을지 몰라도 꼭 가르쳐주게.

225 · 비공식적인 대화로 하고 가르쳐주지 않겠나?

226 · 소용없을지 몰라도 뭔가 할 수 있는 일이 있지 않을까?

227 · 내가 잘못했더라도, 자네 자신이 좀더 할 수 있는 점은 없었을까?

**상대가 실망에 빠져 있는 경우**

228 · '잘 안 된 것이 아닐까' 하고 걱정하고 있나?

229 · 자네는 부족하다고 느낀 점이 있었군.

230 · 뭔가 걸리는 부분이 있는 것 같군.

231 · 최악인 상황에서도 뭔가 한 줄기 빛 같은 것은 없는가?

232 · 최악이라는 것을 하나의 도전으로 생각해 보고 뭔가 할 수 있는 것은 없을까?

**실패에서 배우게 하고 싶을 때**

233 · 이번의 실패에서 배운 것은 무엇인가?

234 · 이번 실패로부터 얻은 교훈을 표어로 만들어볼까?

235 · 이번 실패의 키워드는 무엇이라고 생각하나?

236 · 이번의 실패를 이런 식으로 다음에 활용할 수 없을까?

237 · 다음에 활용할 수 있는 교훈으로는 어떤 것이 있을까?

238 · 이번처럼 되지 않기 위해서 오늘부터 할 수 있는 일은 무엇인가?

239 · 그 실패가 없었다면, 무엇을 배울 수 없었다고 생각하나?

240 · 전체적으로는 좋지 않았더라도 괜찮다거나 다음에 활용할 만한 점은 없는가?

241 · 자네는 어떤 점을 좀더 했어야 했다고 생각하는가?

242 · 그러면, 다음에 성공시키기 위해서는 서로 어떤 것에 지금부터 신경을 써야 할지 검토해 보자구.


**티칭의 효과를 좀더 높이고 싶을 때**

243 · 지금 내가 이야기한 것 가운데 중요한 포인트가 무엇이라고 생각하나?

244 · 내가 이야기한 것 중에 특히 자신에게 중요하다고 생각되는 것을 들어볼까?

245 · 이렇게 하면 돼. 어때? 할 수 있을 것 같아? 실행 가능성을 100

으로 한다면 어느 정도나 가능할까? 80? 그럼 20이 모자란데 걱정되는 부분을 같이 얘기해 볼까?

246 · 자, 지금 배운 것에서 다음에 활용할 수 있는 것은 무엇일까? 이번에는 내가 가르쳐주었지만 다음에는 자네 혼자서 할 수 있어야 하네. 그렇게 하려면 무엇이 필요한가?

## 코치로서의 능력을 보다 향상시키고 싶을 때

### ※상대로부터 피드백을 받는다

247 · 코칭에 신경써서 대화를 해보았는데 인상에 남는 말이 있었나?

248 · 지금까지의 대화에서 느낀 점을 무엇이든 좋으니 말해주게.

249 · 솔직히 말해서 다른 때와 달랐나? 전혀 달라지지 않았는가?

250 · 오늘의 질문에서 마음에 와닿은 질문이 있었나?

251 · 내가 말한 방식에서 이상하다고 생각한 점은 없었나?

252 · '이런 식으로 말해주었으면 또는 질문해 주었으면 더 좋았을 텐데…'라는 부분이 있는가?

253 · 코칭 능력을 향상시키고 싶은데, 무엇이든 좋으니 조언을 좀 해주게.

254 · 최근 이런 것에 신경쓰고 있는데, 알고 있었나?

255 · 어떤 것에 좀더 주의를 기울인다면 좋은 코칭을 할 수 있을까?

※자기 자신에게 피드백한다

256 · 지금의 대화에서는 코칭 대화가 제대로 되었나?

257 · 이제까지 자신의 코칭이 50점이었다고 한다면 지금은 자신에게 몇 점 정도를 줄 수 있을까?

258 · 그 상황에서 다르게 질문할 수는 없었을까?

259 · 말하고 싶었는데 하지 못한 말은 없었나?

260 · 지금의 코칭에서 좋았던 점은? 나빴던 점은?